NIU DUN

牛顿的故事

王艳娥◎主编

榜样的力量

榜样的力量是无穷的，好的榜样能给我们积极的思想、正确的行为、良好的习惯、完善的人格。树立了榜样就等于找到了自己前行的方向。

榜样是无比强大的力量源泉。

北方妇女儿童出版社

图书在版编目（ＣＩＰ）数据

牛顿的故事 / 王艳娥编著. -- 长春：北方妇
女儿童出版社，2010.3（2021.1重印）
（榜样的力量）
ISBN 978-7-5385-4469-5

Ⅰ.①牛… Ⅱ.①王… Ⅲ.①牛顿，
I.（1642～1727）－传记－少年读物 Ⅳ.①K835.616.11-49

中国版本图书馆CIP数据核字(2010)第045455号

牛顿的故事

NIUDUN DE GUSHI

出 版 人：	刘 刚
责任编辑：	张 力　刘聪聪　于 潇
开 本：	650mm×960mm　1/16
印 张：	12
字 数：	128千字
版 次：	2010年3月第1版
印 次：	2021年1月第6次印刷
印 刷：	三河市三佳印刷装订有限公司
出 版：	北方妇女儿童出版社
发 行：	北方妇女儿童出版社
地 址：	长春市福祉大路5788号
电 话：	总编办：0431-81629600
定 价：	33.80元

序言

"江山代有才人出"，在人类历史的长河中，涌现出一大批影响世界的风云人物。他们或者是杰出的政治家，凭着超乎常人的坚强毅力为国家和民族的前途引路；或者是卓越的科学家，为探索自然奥秘、改善人类生活而不懈努力……总之，他们由于在某一方面做出了杰出的贡献，已成为历史长河中的航标，引领着人类走向更加深邃的精神世界和更加精彩的物质世界。

这套丛书不仅告诉你名人成功的事实，更重要的是展示他们奋斗的历程，展现他们在失败和挫折中所表现出的杰出品质，从中我们可以吸取一些有益的精神元素。

这套丛书具有以下几个特点：

一是人物全面。本套丛书精心选取了从古至今全世界40位具有代表性的政治家、科学家、文学家、艺术家……这些人物均在各自的领域做出了卓越的贡献，对人类历史产生了重大影响，因此被广为传颂。

二是角度新颖。本套丛书不是简单地堆砌名人的材料，而是选取他们富有代表性或趣味性的故事，以点带面，从而折射出他们波澜壮阔、充满传奇的人生和多姿多彩、各具特点的个性。

三是篇幅适当。每篇传记约10万字，保证轻松阅读。本套丛书线索清晰、语言简洁、可读性强，用作学生的课外读物十分理想，不会加重他们的负担。

四是一书多用。本丛书是一部精彩的名人故事集锦，能够极大地开阔青少年的视野，同时还可以作为中小学生的写作素材库。

培根说："用名人的事例激励孩子，胜过一切教育。"榜样的力量是无穷的，而名人是最好的榜样，向名人看齐，你将离成功更近！

人 物 导 读

　　艾萨克·牛顿出生前的三个月，父亲不幸死于肺病，为了纪念他的父亲，母亲便为他起名为艾萨克·牛顿——和他父亲一样的名字。

　　艾萨克是个早产儿，刚出生的时候，接生婆和他的母亲甚至都不知道他能否活下来。不过，在母亲无微不至的照顾下，他还是健健康康地长大了。

　　在他四岁的时候，迫于生活的压力，母亲改嫁他乡，此后外婆开始照顾他的生活。但是由于外婆常常忙于庄园的农活，很少与他交流玩耍，使得艾萨克原本就内敛胆怯的性格变得更加严重了。

　　人们都认为艾萨克是个呆子，傻瓜，连老师也说从来没见过如此迟钝的小孩！但没有料到的是，他们眼中的呆子艾萨克后来凭借着自己的勤奋与努力，成为英国乃至世界科学史上一颗璀璨的明珠。

　　公元1661年，艾萨克在格兰瑟姆皇家中学校长的推荐下，进入剑桥学习。虽然数学基础非常薄弱，但他依靠自学从最基本的学起，很快就迎头赶上。后来在艾萨克·巴罗教授的指导下，又接触了力学、运动学和天文学，并最终在这些领域取得了非常卓越的成就。

　　公元1761年，被誉为划时代巨著的《自然哲学的数学原理》出版了，书中阐述了万有引力和三大运动定律，为现代工程学奠定了基础。正如他自己所说：如果我确实取得了一些微薄的成就，我没有别的途径，只是勤奋而已。

　　艾萨克·牛顿的一生，就是依靠勤奋和努力取得巨大成就、铸就辉煌人生的最好写照！

CONTENTS 目录

CONTENTS

第一章

伟人的诞生

- ◆ 圣诞节的孩子
- ◆ 妈妈走了
- ◆ 慈爱的外婆

✳ 圣诞节的孩子 ✳

公元1642年12月25日，圣诞节。平安夜的一场大雪，使整个乌尔索普村都成了白茫茫的一片。

◎平安夜：Silent Night，即圣诞前夕（Christmas Eve，12月24日），在基督教社会是圣诞节庆祝节日之一。但现在，由于中西文化的融合，已成为世界性的一个节日。

因为天气寒冷，加上又是圣诞节，所以大家都在屋子里，村子的小路上显得非常冷清。

忽然，村口走来两个妇人，她们的鼻子被冻得红红的，两手环抱在胸前，藉（jiè）此温暖双手。

其中一人极为不满地朝另一人埋怨着："蕾昂斯，他什么时候不好出来，偏偏要这时候出来，这小孩以后一定是个调皮鬼。"

蕾昂斯被这毫无道理的埋怨逗笑了。"莲娜，"她说："这一切都是神的旨意，那小孩能自己做主吗？再说，汉娜死了丈夫，一个人怪可怜的，我们应该帮帮忙。"

蕾昂斯再没说什么，可心里还是老大不愿意，今天是圣诞节，一家团聚的日子，她的儿女们还等着她回去做烤鸡呢。

积雪深厚，两人深一脚、浅一脚，好不容易走到了汉娜的家。莲娜走在前面，敲响了面前这所普通宅子的门。

只听见屋内一阵匆忙的脚步声响起，门"嘭"地被打开了。开门的是汉娜的一个邻居伊莎，见她们两人终于来了，她擦着额头的汗，无比高兴地说着："你们终于来了！"

当时的英格兰，还没有专门的妇产医院，女人生小孩都是靠像蕾昂斯和莲娜这样有经验的助产士来接生，这个身份与中国古时候的接生婆是一样的。

话还没有说完，只听见楼上传来汉娜痛苦的惨叫声。莲娜眉头一皱："天主保佑，不要是难产。"说着，她赶紧跑上楼去，蕾昂斯也顾不得埋怨了，"有没有准备热水？"她问伊莎。

伊莎点点头，"我马上就送过来。"

"还要干净的布、棉花和酒精！"她匆匆地交代了一句，也跑上楼去帮忙了。

见到她们两位的到来，汉娜惨白的脸上勉强挤出一丝笑容，她艰难地说着："真是麻烦二位了。"

莲娜顾不得说话，马上凭自己的经验为汉娜检查了一番，还好，并没有难产的迹象。

她稍稍松了一口气，柔声对汉娜说着："别紧张，你会做得很好，现在用力！"她抓过汉娜的手，给予她力量。

蕾昂斯则在一旁反复对汉娜说着生孩子的要点，并用毛巾不停地为她擦去额头的汗。

她们的到来使汉娜心中充满了力量，她咬牙坚持着，许久之后，终于听到了一声嘹亮的婴儿啼哭。接着，莲娜高兴地叫起来："生了，生了，是个男孩。"

汉娜这才长长地松了口气，剧烈的疼痛过后，一阵疲倦袭来，她的眼皮渐渐支持不住了。

然而，一声怪叫又使她猛地睁开双眼。

这叫声是蕾昂斯发出来的，她看到了什么？

汉娜顺着她的目光看去，当看清楚时，她几乎昏厥过去。莲娜手中举起的，有如一只老鼠般大小、满身污血的活物，难道这就是我的孩子吗？她痛苦地闭上眼睛，不愿相信。

莲娜的心中也很难过，虽然她也不知道这婴儿能否活下去，但她还是安慰着汉娜："这可能是因为早产的缘故，汉娜，你放心，早产的孩子只要身体没有什么毛病，还是可以养大的。"

这时，伊莎已经打来一盆温水，莲娜小心翼翼地给这婴儿洗了个澡，然后包上柔软的羊毛毯子，才交到了婴儿的母亲手中。

枕边这柔软的婴儿，身上的污血已经洗净，虽然身子比较小，但头却大得可爱，汉娜爱怜地抱过他。只是一会儿工夫，她已经完全接受了早产儿的事实，并且将深深的爱倾注在了他身上。

"宝贝"，汉娜在心底说，"妈妈一定会好好照顾你的，不会让你受一点伤害。"

这时窗外又开始飘起鹅毛大雪，但这婴儿被母亲抱在怀中，身上还包裹着母亲亲手为他织就的羊毛毯子，一点也不用担心寒冷的侵袭。

不久，这宅子里有牧师到访了。这牧师是汉娜的哥哥，名字叫詹姆士·埃斯科夫。

他走进房间，一眼看见这婴儿的模样，也是大吃一惊："这孩子真是出奇的小，虽说是早产儿，我也从来没见过这么小的！"

对于这一番并不友好的评论，汉娜有些不高兴了："已经比出生的时候好很多了！"她抗议道。

牧师哥哥还是摇头："想让他健康地成长，看来是一件难事啊！"他嘴上虽这样说着，手上却接过汉娜手上的牛奶瓶，轻轻地为这孩子喂起牛奶来。

汉娜在一旁看着这小婴儿，心里充满了幸福，她对牧师说着："哥哥，请把这孩子取名为艾萨克……，和他爸爸一样的名字。"

◎牧师：在圣经原文中，牧师的原意是牧羊人。牧师是在一般基督新教的教会中专职负责带领及照顾其他基督徒的人。与天主教中神父的不同在于牧师可以结婚，女性亦可以成为牧师。在三级圣品制里，牧师上一级是主教，低一级是会吏。

小艾萨克的父亲与母亲新婚10个月，便患肺病去世了。

"如果他还活着的话……"汉娜想起丈夫的幽默、英俊，还有他们一起度过的美好时光，不由得感叹命运的多变，"但是，"这个坚强的女人继续说着："我一个人也要好好地将这孩子抚养成人。"

牧师点点头："你这样想，我就放心了。这孩子接受洗礼的日子就定在这个礼拜天吧。"

礼拜天这天，汉娜很早就带着孩子来到了教堂，钟声响过，牧师为这孩子用圣水沐浴后，将一个十字架戴在他胸前。

"阿门，"牧师说着，"伟大的耶稣，请保佑这孩子，请为这孩子赐名为艾萨克·牛顿！"

妈妈走了

　　时光飞逝，小艾萨克慢慢长大了。因为家里只有他和妈妈两个人，所以从他学会走路的那天起，就跟着妈妈进进出出。一会儿到牛棚里看看，一会儿又去麦田里转转，尽管妈妈经常忙碌得连话也无法跟他说一句，但他还是这样默默地跟在妈妈身后，用稚嫩的童心观察着天地间一切引起他兴趣的东西。

　　只是这时的他还不明白，妈妈为什么这么忙碌，无论春夏秋冬，似乎一刻也不得休息。

　　转眼间，艾萨克四岁了。生日的这天，妈妈取出了前几天特地为他做的新鲜奶酪。

　　看到这么大一块奶酪，艾萨克不禁有些惊讶。虽然艾萨克拥有一个庄园，但家里只有一个女人和一个孩子，生活能好到哪里去呢？所以，平常只有节日才会吃到奶酪。

　　今天突然得到这么大一块奶酪，小艾萨克不禁呆了。

　　妈妈看着他那呆模样，笑着说："今天我的宝贝四岁了，所以要吃一块大大的奶酪，才好快快长大。"

　　原来是这样，四岁的艾萨克，脑袋中开始有了"生日"的概念。

　　他捧着这块奶酪，坐到了家门口，正想咬一口手中的奶酪，却看见牧师舅舅走进了庄园。

　　艾萨克停下自己的动作，看着舅舅走到自己面前。

　　舅舅将他抱起，笑着说道："让我来看看，今天是艾萨克的生日，艾萨克长成一个小男子汉啦！"

想想这孩子刚出生那会儿的模样，还担心他会活不下来呢！上帝保佑，现在这孩子虽然性格显得有些孤僻，但身高体形和别的孩子还是没有太大的区别。

舅舅抱过他之后，便走进去找妈妈了，小艾萨克也很是高兴地跟着舅舅走进屋子里去了。

舅舅一边走一边高声叫着："汉娜。"

妈妈在左边的房间里答应了一声，舅舅闻声拐弯走进了这间房。

舅舅冲妈妈说着："你过得还好吗？"

艾萨克没有跟着走进去，而是在门口看着。

"还可以，谢谢。"对于哥哥的关心，汉娜表示了感谢，不过她也很奇怪哥哥为什么忽然到访，"您怎么来啦？"她停下了手中的针线活，问道。

两个大人说着话，丝毫没有留意到门口这个瘦小的身影。

"哦，"牧师将帽子摘下，放到一边，"难道哥哥不能来看看你吗？"

汉娜继续着手中的针线活，笑着说："多谢您的关心。"

"哦，不"，牧师摇着头，说道："应该还有更多的人关心你才对。"

汉娜手中的针微微抖动了一下，差点刺到手指，她惊异地抬起头："哥哥，您刚才说什么？"

很显然，她被哥哥的这句话吓了一跳。

牧师耸耸肩，不以为然地说道："难道不是吗？汉娜，这四年来你一个人带着艾萨克，过得够辛苦的了，难道不应该再找个人来帮帮你吗？"

汉娜的脸顿时全红了，说话的声音也开始颤抖："哥哥，您别开玩笑了，我带着一个孩子……"不知道是因为紧张，还是别的什么原因，汉娜竟然有些语无伦次了。

"好了，汉娜，"牧师上前拍拍她的肩膀，让她渐渐平静下来，"这样做，也是为了艾萨克好，一个男孩子没有爸爸，总是缺少点什么。"

这句话确实有道理，因为没有爸爸，艾萨克至今还没有听说过古代骑士的故事呢！

坚强的汉娜咬着嘴唇，其实她并不是没有想过这个问题。虽然家里只有她和孩子两个人，庄园通过放租也可以收来一点钱，但那还是不够的。这个家里里外外都靠着她一个人，她难免力不从心。

但是，如果对方不能接受艾萨克怎么办呢？她非常担心这个问题，艾萨克是个早产儿，虽然长到了四岁，但如果离开妈妈的精心照顾，谁能保证他一定能长大呢？

牧师轻轻叹了口气，安慰她道："这件事你好好考虑考虑。我还要到附近的村子转转。"说着，他将帽子重新戴回头上，便要转身出去了。

这时，他才注意到门口的瘦小身影。刚才大人们说的话他都听到啦？牧师的心中一愣，但是马上又释然了：一个四岁的小孩懂什么呢？

他走到门口，冲艾萨克微微一笑，便朝庄园外走去了。

艾萨克看着舅舅渐渐消失的背影，一边回想着他刚才和妈妈说的话，小艾萨克确实还不懂他们谈话的内容，但他能察觉到妈妈脸上难过的表情。

不知什么时候，妈妈悄然站在了艾萨克的身边，她见艾萨克手中的奶酪还没吃，不禁觉得奇怪："宝贝，奶酪不好吃吗？"

艾萨克抬头看着妈妈，问道："妈妈，您为什么不高兴啊？"

汉娜蹲下来，搂着艾萨克的肩膀，微笑着说："妈妈有艾萨克，怎么会不高兴呢？"

听了这句话，艾萨克才放心地吃起奶酪来。

几天后的一个清晨，艾萨克和妈妈一起给奶牛喂草。耳边忽然传来了一个声音：汉娜！

母子俩同时转头看去，只见院子当中站了一位妇人，手里还提着一个篮子。

这个妇人艾萨克从来没见过，妈妈却热情地迎上去。

"大老远的您怎么来啦？"欣喜之下，汉娜有些意外。

妇人将篮子递给汉娜："你生孩子的时候我正忙得抽不出身，现在正好来看看你！"

汉娜接过篮子，是一篮子新鲜的面包。

"您太客气了，"汉娜笑着说，说完，她回头冲艾萨克叫着："艾萨克，快过来，表姨妈来啦！"

艾萨克缓缓走到妈妈身后，看着这个陌生的表姨妈，小脸蛋因为紧张而涨得通红。

"快叫表姨妈，"妈妈轻轻推了他一下，艾萨克心里怦怦跳得厉害，话到了嘴边就是说不出来。

"快叫啊！"汉娜催促着，艾萨克又抬头看看这个表姨妈，她也正看着自己，脸上笑开了花，嘴上说道："来，可爱的艾萨克，姨妈抱抱。"说着，表姨妈已经俯下身子，伸出了胖胖的双臂。

艾萨克的心底莫名其妙地害怕起来，他不顾一切地转身跑了。身后传来妈妈的责骂："这孩子，真不懂事。"

艾萨克也不管，一个劲地往前跑，等他停下来回头看时，妈妈和表姨妈已经进屋去了。

汉娜和表姨妈走进屋里，表姨妈是个急性子，水还没喝上一口，便开门见山地说道："你哥哥说得对啊，这家里没有男人还是不行。"

汉娜明白了，表姨妈原来是为这件事来的。

原来那天牧师回去后，一直将这件事放在心上，还托表姨妈帮忙留意，看有没有合适汉娜的男人。

"事情真是凑巧，"表姨妈接着说，"我们村子附近正有一位牧师，年纪虽然比你大了些，但完全有能力照顾你的生活。"

表姨妈连珠炮似的语句，彻底让汉娜慌了神，其实她根本还没有想好要不要再嫁，而表姨妈这边居然已经帮她物色好人选了！

热心的表姨妈完全没看出汉娜的心思，她见汉娜的模样，还以为汉娜是认为自己给她找的人条件太好了，所以有些惊讶。

对此，表姨妈说道："我和牧师介绍了你的情况，你这么年轻又这么漂亮，牧师也是非常满意呢！"

听到这番夸奖，汉娜有些不好意思："我还有个孩子呢！"

"这个……"表姨妈忽然不说话了，她端起水杯，喝了一大口水。

适才房间里的热闹气氛戛（jiá）然而止，汉娜不禁有些奇怪地看着表姨妈。表姨妈慢慢放下水杯，又咳嗽了一声，仿佛才下定决心："汉娜，"她拉过汉娜的手，"对方是一位牧师，拥有大片庄园，你嫁过去以后，就不用做粗重的活，也不用为家务事操心啦。"

虽然汉娜也很向往这样的生活，但是艾萨克呢？对方可以接受艾萨克吗？

她焦急地看着表姨妈，希望她能将这个问题说说。表姨妈也不卖关子了："但是对方有个条件，就是不要带孩子过去。"

"那怎么行？"汉娜马上表示了反对。

表姨妈劝说道："汉娜，我知道你心疼孩子，但你还这么年轻，你也要为自己想想。孩子可以找外婆来照顾，但是你错过了这个好机会，不知道什么时候才会有啊!"

汉娜不出声，一点也不为所动。

"汉娜，"急性子的表姨妈开始激动起来，"我们大家都是为你着想啊，难道你要依靠艾萨克这个傻孩子吗?"

听了这句话，汉娜猛地抬起头注视着表姨妈。虽然艾萨克是早产儿，一直到现在，各方面也不能和同年龄的孩子相比较，但这个做母亲的，始终不愿意承认自己的孩子是傻孩子。

表姨妈意识到自己的话说过头了，话锋马上一转："好的，艾萨克现在健健康康的，长大以后你确实可以依靠他，但是，你想过没有，你一个女人，怎么把他拉扯大，我是养过孩子的人，知道其中的艰辛，你能承受住吗?"

汉娜没有说话，她缓缓地低下头去，虽然她心里明白表姨妈说的话都有道理，但是她如何能舍下艾萨克，可是如果自己一个人抚养艾萨克，她又能否坚持下来呢? 其实，这么久以来，她内心深处又何尝不想有个人来帮帮自己? 取舍的矛盾在她内心激烈地斗争着，她感觉痛苦极了，不由得将脸深深埋进双手之中。

表姨妈见状，也不便再说些什么了，只好安慰她道："汉娜，相信我，事情不会是你想象的那样糟糕，你再考虑考虑，我先告辞了。"

汉娜摇摇头，说出了自己的内心话："我放心不下艾萨克!"

表姨妈叹了口气，走出屋外去了。

在这以后的一个月里，表姨妈再也没有来过。既然对方不愿意接受艾萨克，汉娜心里也慢慢不再去想这件事。

然而，又一个半月后，表姨妈忽然来信了。信上说在她的努力说服下，牧师愿意给艾萨克30亩地。这样加上原本艾萨克庄园里的土地，再依靠外婆的照料，艾萨克的生活基本上就没有问题了。

汉娜完全没有料到事情会发展成这样，这一次，她没有再拒绝。

喜事越来越近了，外婆也来到了庄园。小艾萨克心里似乎也预料到了什么。

终于，这天清晨，两辆马车停在了艾萨克庄园门口。装扮一新的妈妈站在门口，看着来人将自己的行李一件件搬上马车去。

艾萨克走到妈妈身边，扯着妈妈的衣角问："妈妈，您要去哪里？"

汉娜还一直没有勇气对艾萨克说，现在听他这么一问，她不禁热泪盈眶："宝贝乖，妈妈要换一个地方生活。"

"那您带着艾萨克一起去吗？"他问。

汉娜看着艾萨克，终于鼓起勇气摇摇头："宝贝就和外婆生活在这里，外婆会对宝贝很好的。"

小艾萨克明白了，妈妈要离开自己了。虽然年幼的他还不能明白离开的含义，但他知道自己再不能每天都见到妈妈了。想到这里，他哭了。

汉娜为他擦去眼泪："宝贝，别哭，神会护佑每一个人的。"说话间，行李已经全部被搬上了车，马车要出发了。妈妈坐上马车，和艾萨克道别。

"妈妈，"艾萨克喊着："您会回来看我吗？"话还没有说完，马车已经朝前驶去，妈妈还没有回答他这个问题，身影便已经远去。很快，两辆马车便消失在太阳升起的地方。

慈爱的外婆

虽然妈妈的身影已经完全消失了，但艾萨克还依靠在大门边，久久不愿意离去。

外婆将屋子里外收拾了一遍，见艾萨克还站在门口发呆，便走过来，对他说道："宝贝，进屋去吧，妈妈一有空就会回来看你的。"

艾萨克抬头看了外婆一眼，一言不发地走开了。妈妈就这样走了，他觉得自己是个被遗弃的孩子，就像一只找不到回家的路的小狗。在他小小的心里，充满了悲伤。他一个人绕着院子走了一圈，最后在一棵大树旁坐下，看蚂蚁成群结队地搬食物。

外婆看到他这难过的模样，不由心急如焚。这个善良的老人琢磨着找个什么玩具给小外孙，好让他暂时忘记这件事，但她里里外外地找了一遍，也没有找到什么足以吸引宝贝外孙的东西。最后，她在储存葡萄酒的小仓库里发现了一把锯子，这应该是木匠制作酒架的时候落下的。虽然已经锈迹斑斑，但外婆试了一下，它还非常锋利。就是这个了，外婆开心地笑了，艾萨克从小没有父亲，这些小工具一定接触得很少，现在拿给他，一定会让他好奇的。

外婆拿着锯子，走到艾萨克面前，问道："宝贝，你看这是什么？"

艾萨克仔细将这生锈的铁东西打量了一番，他好像看到邻居大叔用过，但并不知道这是个什么东西。艾萨克诚实地摇摇头。

"这是锯子，"外婆哈哈笑起来，将有锯齿的一边搭在树上，这样来回推拉几下，树上便出现了一道白色的划痕。

不出外婆所料，艾萨克果然对这个新鲜玩意非常感兴趣，他立即站起来，冲外婆伸出手："给我玩玩。"

外婆笑呵呵地将锯子交给他，又叮嘱道："不过你不能锯树哦。"

艾萨克一愣："那我用来锯什么？"

外婆想了想，说："你只能找些没有用的木板来玩，听见了吗？"

艾萨克高兴地点点头，拿着这把锯子跑开了。现在他要去寻找可以锯断的东西了。在附近跑了一圈，艾萨克终于捡到一块别人丢弃的木板。他将木板抱在怀里，兴冲冲地跑回家，对正在喂鹅的外婆说："外婆，我把这个给锯开好不好？"

外婆点点头，却没有告诉艾萨克应该用怎样的方式将木板锯断。来这里之前，她一直听别人说艾萨克是个傻孩子，今天她倒要亲眼看看，艾萨克是不是像人们说的那样。

果然，艾萨克先是将木板平放在地上，然后找准中间的一个点，便架上锯子开始锯了。让他始料不及的是，锯子一动，木板也跟着来回动，根本无法用力。艾萨克想了想，忽然伸出一只脚，将木板的一头踩住，这样固定了木板，锯子再动的时候，木板便乖乖地固定住了。

外婆看到他能采用这个办法，感觉很高兴，但是，这样做还是远远不够的啊！

艾萨克马上也意识到了这一点，锯子在木板表面来回移动了几百下，他的手臂也酸了，但木板上还只是一道浅浅的划痕！艾萨克累得停止了工作。

外婆还是在一旁不动声色，她还想看看艾萨克是不是个遇到困难就放弃的孩子。事实再次让她高兴不已，在艾萨克停下擦汗的当口，他已经想到了办法。他将木板横着立了起来，然后再用脚踩住木板的一端，这次他要从侧面入手。

这下外婆不得不阻止了，因为木板的侧面非常窄，一只脚根本无法固定，加上锯子来回推动，就更不稳当了。如果等会锯子伤到艾萨克自己，那可就麻烦了。

"艾萨克，"外婆阻止道："能不能想个更好的办法呢？"

其实当艾萨克伸出一只脚想要将这侧着竖立的木板固定住时，他已经感觉到不稳了，他也正想着找个更好的办法呢。

"能不能固定时既稳当，但是锯的时候又能从侧面下手的方法呢？"外婆提醒他。

小艾萨克皱起眉头，他放下锯子，拿起木板反复研究起来，忽然，他欢快地叫着："有办法啦！"说着，他跑进屋子里，拿来一只小木凳放在地上，然后他将木板的一端搭在小木凳上，从他选定的中心点开始悬空，这样木板既可以平放着固定，又可以从面积窄小的侧面下手锯了。艾萨克抡起锯子，不多久便将木板锯断了。他捡起断落在地上的那一截木板，冲外婆欢呼道："外婆，我将木板锯断了，你看！"

此时的外婆比艾萨克还高兴，谁说她的外孙是个傻孩子，在她看来，艾萨克比一般的小孩不知道要聪明多少呢！

为了奖励艾萨克，外婆在晚餐的豌豆汤里多放了些肉。但是，面对香喷喷的豌豆汤，艾萨克好像没有什么食欲，只是呆呆地对着桌子旁的椅子发呆。

外婆以为他今天锯木板累了，便对他道："宝贝，你快点吃饭，吃完就去睡觉。"

不料艾萨克却摇摇头，用乞求的目光看着外婆："外婆，您能多给我弄些木板吗？"

外婆奇怪地问："你要木板做什么？"

艾萨克笑着拍拍身边的椅子："我要做一只凳子。"

原来，锯断木板的艾萨克忽然发现，其实小木凳就是用几张木板钉起来的，他想他也能做一只凳子。

外婆显然因为他这个想法而感到惊讶之极："宝贝，你知道凳子怎么做吗？"

艾萨克点点头："我知道。"

外婆见他如此有信心，当然要想办法满足他。于是，第二天一早，外婆便去村子里的木匠那里找来几块废木板，顺便还带了几颗铁钉子给他。

这额外的礼物让艾萨克高兴极了，他立即一头钻进了小阁楼，开始制作起他的凳子来。

外婆在院子里喂鹅，也能听到阁楼里传来的欢快的锯子声。

忽然，锯子声停了。不一会，艾萨克出现在院子里，焦急地对外婆说："外婆，有什么东西能用来敲铁钉吗？"

"哎哟，制作小木凳的板子锯好了吗？"外婆笑着问。

艾萨克点点头，"现在要将铁钉敲进去，将木板连起来。"四岁的艾萨克，还只能用简单的词汇表达自己的意思。

外婆点点头，又给艾萨克找了一把小铁锤。

艾萨克拿着小铁锤，奔上小阁楼去了。

但是，接下来，外婆并没有听到"叮叮"的敲打声。

正当外婆感到奇怪时，艾萨克又出现在了院子里。

难道还需要什么吗？外婆想不出还缺少什么。

艾萨克走到外婆身边，说："外婆，您能再给我一个东西吗？"

"什么？"外婆问。

艾萨克想了想："可以让木板变得光滑的工具，这样坐上去就不会被刺痛了。"

原来他要的工具是这个啊，外婆听了很高兴，想不到艾萨克的心思是这样的细腻，但是家里怎么会有这个东西呢？要说借，木匠们也不会把这么贵重的东西让你借回家啊！

外婆合计了一下，便对艾萨克说："宝贝，带上你的木板，我们去木匠家，用他的工具将你的木板变光滑。"

这一来一去要三个多小时，而且外婆大清早已经去过一趟了，现在为了外孙，她只好再去一次了。

祖孙俩走在乡间小路上，有说有笑。艾萨克还从未走过这么远的路，看过这么多新奇的东西：说不出名的花，成群结队的羊，还有好多种在地里的新鲜蔬菜。这些都让艾萨克非常兴奋。

尽管步行了差不多两个小时才到达目的地，小艾萨克居然一点也没觉得累。

"好啦，现在我们请求木匠师傅帮忙吧！"外婆叫过艾萨克，一起将锯好的木板交给木匠师傅。

几个木匠师傅正一起制作着一架大风车，对于艾萨克来说，这个庞然大物可是非常陌生的，但其复杂而精巧的结构立即将艾萨克吸引住了，以至于外婆叫他过去他都没有听见。

"艾萨克。"外婆又喊了一声。

这时，艾萨克才缓缓走到外婆身边，他问外婆："那是什么啊？"

"风车，"外婆简短地回答了他，这个慈祥的老太太现在正担心晚饭来不及准备，羊群也还没有进棚子里去，想赶快将木板弄好然后赶回家去呢。

木匠师傅拿过艾萨克锯开的三块木板，很快便将它们的表面刨得十分光滑。艾萨克站在一边看到粗糙的木板变得光滑起来，不由得在一旁欢快地拍手，硬要自己也去试一试。

木匠师傅可不答应，艾萨克还太小啦，根本还不能使用刨子啊！

艾萨克只好遗憾地带着小木板跟着外婆走，时不时地还回头看看那个风车，但是天很快就要黑了，外婆一把牵过他，快速朝家里走去。

回到家，艾萨克便一头钻进了小阁楼，"叮叮当当"地敲了起来。还没等外婆做好晚饭，艾萨克的第一只小木凳便诞生了。

外婆拿在手里端详了一番，虽然造型还不是那么完美，但十分牢固，表面的光滑度也足以使人放心地坐在上面，是一只完全可以使用的小木凳！

"好了，宝贝以后就坐在自己做的凳子上听外婆讲故事！"外婆笑呵呵地说。

自己的努力得到了别人的认可，小艾萨克心里高兴极了。

就这样，在外婆的细心照顾下，艾萨克渐渐从离开妈妈的悲伤中走出来，开始了自己新的生活。

第二章

苦乐参半的童年

私塾里的呆子

之后的日子里，艾萨克又做了几张小凳子，在外婆看来，这小凳子做得越来越好，外婆的心里很高兴，因为她亲眼看见，艾萨克并不是一个头脑笨拙的孩子，相反，他比一般的孩子更加心灵手巧。

这天早上，小艾萨克起了个大早，走到院子里，看见外婆从不远处走来。外婆刚给奶牛挤完奶，手里还提着大大的牛奶桶，慈祥的外婆看见艾萨克，笑着喊道："宝贝，今天早上有新鲜牛奶喝了"。

艾萨克对听到的这些仿佛没有多大兴趣，他一言不发地看了看外婆，便跑开了。

外婆却还在自言自语："这次牛奶挤的多，可以多做些奶酪，也可以给你妈妈送点去。"说着，她走进了厨房，将牛奶放好之后，便开始准备早点。她先是倒了点面粉在碗里，和好之后，她将面包炉打开了，准备烤一点面包。

勤劳的外婆还在因为早上挤了很多牛奶而高兴，忙碌的她还哼起了小曲，一点也没有注意到站在她身边的小艾萨克。此时的艾萨克，已经在她身边站了好一会了，他不出声，只是呆呆地站着，看外婆一会儿烤面包，一会儿煮牛奶，忙得团团转。

等到外婆终于注意到他的时候，他已经转移了注意力，两眼盯着桌子上那把用来切面包的细长刀子。这把刀子他经常见到，现在他还认识了锯子，他觉得这两个东西的形状非常相似，用途也差不多，这样，在他的脑海里，就有了一个疑问：这个刀子能不能用来切木板呢？想到这里，他不由走上前去，伸手想拿这把刀子去试一试。

这会儿外婆已经注意到他了，这个慈祥的老太太不由得大呼起来："宝贝，你要做什么？"

艾萨克回头看着外婆，问："外婆，用这个可以锯开木板吗？"

外婆赶紧将他的手牵过来，说道："这个不是锯子，怎么能用来锯木板呢？"

"为什么不能呢？"艾萨克接着问。

这个……，外婆被这个怪问题问住了，切面包的刀子不能用来锯木板，这是自古以来的道理，也是摆在眼前的事实，有什么为什么呢？

这时候火炉上的牛奶滋滋地冒出了热气，连盖子都被冲得砰砰作响了，外婆正好借着这个机会敷衍他，说道："这个问题要说很长时间才能说明白，外婆现在很忙，等外婆有时间的时候，再告诉宝贝好吗？"

艾萨克撇撇小嘴巴，不高兴地走出厨房去了。他始终在思索着这个问题，但是在整个乌尔索普村，没有一个人能回答他这个奇怪的问题。他在家门口坐了好一会，也想不出答案，这时他才想起刚才进厨房找外婆是因为什么事情。他赶紧站起来，跑进了厨房。"外婆，外婆，"他边跑边喊着。

外婆在厨房里听见了，还以为出了什么事，赶紧从厨房跑出来问道："什么事？宝贝。"

"外婆，"艾萨克问，"今天您能再带我去木匠叔叔那里吗？我打算做一个高凳子。"说着，他用手拍拍脖子，比划着："像这么高的。"

外婆松了一口气，她还以为是什么要紧的事呢！"看来我的宝贝也是一个小木匠啦！但是，今天不行啊，等会外婆得到集市上去。"

"到集市去做什么？"艾萨克好奇地问。

"买东西啊，比如围裙，手套……"外婆列举了一些需要购买的生活用品，艾萨克却一点也不感兴趣，他懊恼地说："那我今天不能做高木凳了。"

看着艾萨克失望的模样，外婆只好说："明天外婆带你去好吗？"

吃过早点，外婆便出门去了。当她回到家的时候，太阳都快下山了。担心艾萨克肚子饿，她还特意买了小点心。走过院子时，没有看见艾萨克的身影，就径直朝小阁楼走去，可推开门一看，里面却空无一人。

外婆不禁感到奇怪，艾萨克不喜欢和村子里的小伙伴玩儿，除了院子里和小阁楼，他还会去哪里呢？外婆忽然想到艾萨克早上的请求，她的脑海里忽然出现了一种可怕的猜测，难道艾萨克自己去找木匠啦？

他是一个人去的吗？他还那么小，外婆害怕地捂住胸口，如果迷路了怎么办？如果被人抓走了怎么办……她不敢再往下想了，赶紧跑下楼。

天色渐晚，太阳已经沉入远山之下，尚留一丝余晖，将东边的天空染成一片红色。外婆焦急地走出村子，往木匠家的方向找去。她一边走一边大声喊着，却得不到任何回应。

上帝没有让这位慈祥的老太太伤心，当她走到村子外那座小桥的时候，她看见了一个小小的身影蹲在桥墩旁，一动也不动，犹如一尊雕像。再走近一点，她看清楚了，这个小小的身影正是艾萨克。"宝贝，"外婆又惊又喜地喊道。

艾萨克仿佛被惊醒了一般，呆呆地看着外婆，半晌才说出话来："外婆，您回来啦。"

外婆跑过去，将他搂在怀里："宝贝，你怎么跑出来啦？外婆真着急啊！"

艾萨克指着身边的几块木板："我想早点将高凳子钉好，所以我想自己去找木匠。"

外婆看看那木板，表面还是非常粗糙，她奇怪地问："木匠没有帮你将粗糙的表面刨光滑吗？"

艾萨克摇摇头："我拿着木板，走到这里实在走不动了，就停下来啦！"

这里一共有四块木板，小艾萨克拿其中的一块都十分吃力，能够将四块木板搬到这里，途中应该流了很多汗吧，看看他的小脸蛋，因为过度的疲惫，现在还是红扑扑的。外婆爱怜地为他整理着额前乱糟糟的卷发，说道："宝贝，以后你再也不能一个人跑出来了，你太小，会迷路的。"说着，外婆不禁感觉奇怪，又问道："既然拿不动了，你怎么不回家呢？"

外婆问的这个问题，让艾萨克忽然兴奋起来，他指着面前的这条河问："外婆，河里的水为什么会动啊，是什么在推动着它们往前走呢？"

外婆一愣，千百年来，河里的水都在往前流动，这还有为什么吗？她不解地看着艾萨克，这孩子怎么老是有这么多怪问题啊！

见外婆也无法回答，艾萨克失望地将头重新扭到一边，呆呆地看着河中流动的水，自言自语地说："我都在这儿想了一下午了，还是想不出来河里的水为什么会动。"

外婆听了不禁一呆，这孩子难道在这儿看河水流动，就看了一下午？

从这以后，外婆开始时常叮嘱艾萨克，一定不要一个人跑远了，如果要去做什么，一定要事先告诉外婆。但是，这样下去也不是办法，等艾萨克稍微大一点，外婆便考虑将他送进私塾里。

当时的英国，有很多私人办的小学校，里面的学生不多，规模更是无法和一般的学校相比，所以被称为私塾。等到艾萨克长到六岁，外婆和他的牧师舅舅便商量着要把他送去私塾念书了。谁知关于艾萨克生来迟钝的事情在村里传了个遍，一些私塾不愿意收下一个傻子做学生，所以艾萨克念书的事情迟迟定不下来。

这天牧师舅舅来到庄园，将这个消息告诉了他的母亲，也就是艾萨克的外婆。

外婆听说了之后非常生气，她拍着桌子抱不平："谁说我的孙子是个傻瓜，我的孙子不知道有多聪明呢！"说着，她到阁楼里将艾萨克自己做的小凳子拿下来放在做牧师的儿子面前，气呼呼地说道："你看，这些都是艾萨克做的，你看看，一个傻瓜能做出这样的木凳吗？"

牧师惊讶地拿起这些小木凳一一打量，每一只木凳都非常精致，特别是两块木板的吻合经过制作者精心的处理之后，竟然不易被人发现，牧师不由感叹道："这些真的是艾萨克做的？"

外婆点点头，"把这些拿去给私塾的老师看看，他们就知道我的孙子根本不是一个傻瓜！"

牧师微笑着将小木凳放下来，对正在生气的母亲说道："妈妈，您不必太生气啦，艾萨克念书的事情，我再去试试！"说着，牧师便匆匆走出了庄园。

两天后，牧师再次来到庄园，这次他带来了好消息，艾萨克念书的私塾已经联系好啦，明天就可以去上学了。听到这个消息时，艾萨克正在啃面包，听舅舅说完，好奇地问："私塾是什么地方？"

牧师舅舅笑眯眯地看着他，说："私塾就是教人学习知识的地方，艾萨克到了那里，要跟着私塾的老师认真地学习，知道吗？"

学习知识的地方，艾萨克将这句话在脑海里回味了一遍，那是不是可以告诉我太阳为什么白天出来、晚上落下，小麦为什么总是春天播种、秋天收获，星星为什么总是对我眨眼睛，为什么只有冬天下雪这些事情的答案吗？他扭过头，又问舅舅："私塾里的老师是不是什么都知道呢？"

见平常不喜欢说话的艾萨克一听到可以去私塾念书居然这么高兴，牧师舅舅心里也很高兴，他耐心地对他说："私塾是教给人识字、读书的地方，那里的老师知道很多！"

艾萨克的脑海里第一次有了老师的概念，原来老师就是知道很多的人，艾萨克有些懊悔，如果能早点进私塾念书就好了，这样我就不会被那么多的问题困扰了。他的心情激动起来，面包也不吃了，拉着外婆的衣角兴奋地说："外婆，我可以去私塾念书啦！"

外婆在一旁，也笑开了怀。

晚餐后，外婆拿出一块面料光滑的黑布，在桌上裁剪。艾萨克不解地问："外婆，您这是在做什么啊？"

外婆笑着说："艾萨克明天要去学校了，外婆要给艾萨克做一件学袍。"说着，还拿起布在艾萨克身上比来比去，开始对布料进一步裁剪。

艾萨克在一旁静静地听着，眼睛却从未离开外婆手里挥舞的剪刀和布料，想到明天就可以到私塾，见到那个有很多知识的老师，然后请教很多自己想不明白的问题，小艾萨克的心里就忍不住阵阵激动。

第二天，艾萨克老早就起床了，外婆一给他穿上连夜赶制的"校服"，他便兴冲冲地往外走。

外婆在后面追着他："宝贝，吃了早点才能去。"

无奈，艾萨克又耐着性子吃完了早点，才和村里的小伙伴一起去私塾。

艾萨克第一次来到私塾，对什么都感到好奇，这么多的桌子和小凳子，还有这么多的小伙伴，艾萨克的心里不由得感到紧张。不一会，一个中年男人拿着教鞭进来了。

他走到教室的前面站定，用凌厉的目光扫视了整个教室，还特意看了艾萨克一眼，那目光让艾萨克不寒而栗。接着，他手持教鞭在面前的一张高桌子上狠狠一抽，高声说道："今天是你们第一天入私塾，我首先要教你们的是，以后每天早上看到我进来，都要起立问老师好！明白了吗？他问道。

艾萨克没有听到这后面的一声问话，因为他刚才听这个人的话语带有"老师"两个字，不禁走神了：那就是说他就是我的老师啦！虽然见到了老师，但不知为什么，艾萨克的心里却无法高兴起来，他隐约地感觉，这个老师和自己想象中的有些区别。等同学们异口同声地回答"知道了"之后，老师才接着说道："今天我们来学习1+1等于几。"

1+1等于几？外婆早就告诉他了，艾萨克很想站起来提醒老师，但这么多小孩在教室里，艾萨克不敢。

"1+1等于2，大家跟我一起念一遍。"老师看着大家。

身边的小朋友都开口了，艾萨克却没有，他不知道老师为什么要告诉他们这么简单的问题，如果老师能说说水为什么会流动该有多好啊！他呆呆地看着老师，希望他下一句话能说出让艾萨克感兴趣的话。然而，老师只是接着说道："现在，大家跟我念，1+2等于3。"

艾萨克失望极了，无精打采地坐在椅子上，目光却已经投向了窗外，阳光明媚，小鸟儿都在歌唱，蝴蝶也在互相追逐嬉戏，还有……正当艾萨克欣赏窗外优美风景之时，忽

然，他听到有人叫他的名字："艾萨克。"这个声音十分严厉，几乎将艾萨克吓了一跳。"站起来！"这个声音接着说。

艾萨克还不明白是谁在命令他，但他又觉得这声音非常地恐怖，以至于他不得不站起来了。

这时，他和老师严厉的目光碰了个正着，才知道是老师在叫他。顿时，他紧张得手心都出了汗，本想应答老师一句，说出来却结结巴巴："老……师 …… 我 在。"

其实前两次当同学们异口同声回答老师问题的时候，老师就已经发现艾萨克心不在焉的样子，现在他叫艾萨克站起来，是故意想让艾萨克出出洋相。当下，他冲艾萨克问道："你说说2+1等于几？"

艾萨克现在的脑子有点乱，如果他稍微整理一下，这个问题对他来说是非常简单的，但是，这老师根本不给他整理思绪的机会，见艾萨克没有立即回答，便将教鞭狠狠一抽："快回答。"

这个教鞭抽下去可真是厉害，发出的响声震得满教室都有回音。艾萨克打了个冷战，更加无法回答这个问题了。

"是多少？"老师催促起来。

"是……2，"艾萨克结结巴巴的说了这个数字，立即引来全场小朋友的笑声，因为老师在问他之前，已经说出了这个问题的答案。

"难道我刚才讲课你都没有认真听吗？"老师斜眼瞪着他。

一滴汗水从艾萨克的额头滚落下来，教室里所有小朋友的目光都汇聚在他身上，仿佛一根根细针，插得他生疼，他彻底被吓住了，连老师说什么都没有听清楚。

见艾萨克连这个问题都不回答，老师彻底地生气了，他认为艾萨克简直无视他的存在，"艾萨克，你上课不认真，站到教室后面去。"老师大声地斥责着。

受到惩罚的艾萨克不禁连脖子都羞红了，他艰难地迈开步子，在同学们嘲笑的目光中走到了教室后面。他听到有同学小声地在议论："艾萨克其实是个傻瓜呢，他为什么也来学校啊！"生性腼腆的艾萨克将头深深地低了下去。

这一天放学，艾萨克是飞跑着回去的。

自己做一辆车子

回到家的艾萨克没有和外婆说一句话，便把自己藏在了小阁楼。只有坐在小阁楼里，他才觉得自己是安全的。没有人逼着他回答问题；没有人说他是傻瓜！这里的锯子，木板，铁钉，锤子，都非常听他的话，乐于他的安排。在艾萨克的这颗小小的心里，老师根本不像牧师舅舅说得那样，他现在才知道私塾和他想象中的，完全是两回事。他就这样呆呆地在小阁楼里坐着，哪儿也不想去，只看着小阁楼里的光由白变黑，心情沮丧到了极点。

忽然，小阁楼的门开了，墙上映照出一个大大的影子，是外婆举着蜡烛进来了。她将蜡烛放在了桌子上，小阁楼顿时亮堂起来了。然后，她在艾萨克的身边坐下，问道："宝贝，今天在私塾里学了什么啊？"显然，她还不知道今天私塾里发生的事。

外婆不问还好，这一问，使艾萨克觉得更加委屈了，眼泪马上积聚在了眼眶打转。"外婆，"他哭喊着："我再也不去私塾了。"说着，眼泪就像断了线的珠子，从他那小脸蛋上滚落。

外婆见状非常惊讶，她赶紧抓起围裙的一角，一边给艾萨克擦去眼泪，一边着急地问道："发生什么事啦，宝贝？"

艾萨克什么也没有说，一头扑在了外婆的怀抱里，这一刻，他是如此地难过与孤独，几年来，他从来没有像此刻这样思念妈妈。此时，他多希望妈妈能够抱着他，安慰他，哪怕是静静地坐在他身边也可以。

但是，他现在只有外婆这一个亲人。

在外婆的一再追问下，艾萨克才将今天在私塾里发生的事和外婆说了。外婆听后，松了一口气，她并不认为这是什么大事，有哪个学生从来不犯一点错误，从来没有被老师罚过呢？她还笑呵呵地说："宝贝，以后上课要认真，老师就不会罚你了，记住了吗？"

艾萨克不解地看着外婆，外婆的意思难道是还要去私塾吗？他猛烈地摇头表示抗议："我再也不去私塾了。"

"你必须得去，"外婆在他身上拍了一下，有些生气地说道。

见外婆生气，艾萨克愣了，这么久以来，外婆从来没对他发过脾气，现在为了私塾的事，外婆还打了他一下，艾萨克不敢再出声了。

晚饭，艾萨克也只吃了一点点，便又躲到阁楼里去了。

第二天一大早，艾萨克故意赖床不起来，直到外婆来叫他，将他从被窝里拉出来，又给他穿上"学袍"。勉强地吃过早点以后，外婆特意送艾萨克去私塾。但是从艾萨克一路上的表情看来，外婆的絮叨并没有起到什么作用。

对于小孩来说，兴趣完全是可以培养的，但如果他的自尊心在某方面受到了伤害，就很难再提起他对这件事的兴趣了。对于这一点，外婆却一无所知。

艾萨克走进私塾，昨天的一幕浮现在脑海，他甚至觉得小朋友们还在嘲笑他。所以，他低着头坐在自己的椅子上，一整天跟谁也不说话。好不容易等到私塾放学，艾萨克就急匆匆往家里跑去，他一刻也不想在私塾多待。等走到乡间的大自然里，呼吸着新鲜空气，艾萨克马上恢复了活力，他左看看，右看看，无名的小花朵夹在青草中开放了，一点点黄色，一点点红色，点缀着大片大片的草地；鱼儿在清澈的河水中游来游去，仿佛伸手就可以抓到，但艾萨克还是不敢。

这美丽的景色可比在私塾里有趣味多了，艾萨克欢快地走着，嘴里还哼上了外婆教给自己的儿歌。当他正快乐地走在这草地田野之间，把所有的不愉快完全抛于脑后之时，忽然，一阵非常具有节奏感的闷响在身后响起。

艾萨克赶紧回头一看，是一辆高大的马车正快速地朝自己奔驰而来。那马车上的马夫，正挥着长鞭大喊道："小孩，闪开。"

艾萨克一愣，赶紧跳到一边去了。

那马车犹如闪电一般，从艾萨克身边呼啸而过，瞬间便远去了。

　　艾萨克的目光一直随着这辆马车，直到它跑到那山头，然后下山消失不见了。良久，他才回过神来，显然，这强大的阵势把他吓得够呛，一直等回到家里，才渐渐缓过气来。

　　艾萨克长这么大，还没看见过如此高大的马车。它一共由四匹马牵着，车厢也装潢得金碧辉煌，和村子里用去赶集的马车比起来，这辆马车简直要好过数百倍。艾萨克躺在床上，无法入睡。他很想去那马车上坐坐，一路上欣赏着如画的风景，感受着奔驰如风的惬意，那该是多么好的一件事情，但是，哪里才有这样的马车坐呢？百般思索的他终于迷迷糊糊地睡着了。梦里，他梦见自己真的坐上了那辆高大的马车，但他发现，坐在那马车上，其实根本看不清窗外的风景，只觉得眼前的树木在不住地倒退，连它们的形状都无法识别。

　　第二天早上醒来，他回味着这个梦，感觉有点不可思议。以前他和外婆去集市的时候，坐在马车上总能将沿途的风景欣赏个够，为什么坐在那辆高大的马车上反而不行了呢？

　　年幼的艾萨克还没有速度的概念，村子里的马车只用一匹马拉，而且是一匹老马，速度很慢，所以他能将沿途的风景尽收眼底；但昨天那辆马车共有四匹马拉，而且个个都精悍（hàn）膘（biāo）壮，跑起来速度很快，当然无法看清楚窗外的风景了！

　　艾萨克将这个问题思索了一阵，没有结果，不过他一点也没有感觉到沮丧，因为他忽然有了一个好主意，他要自己用木板做一辆小车子，然后一个人开着去欣赏风景！说干就干，下午私塾一放学，艾萨克没有立即回家，他在村子里找了个遍，终于找到几块形状完整，质量不错的废余木料，他将这些木料抱在怀中，高兴地回家了。

外婆看他抱着木料回来，不由得好奇："艾萨克，你还要做小木凳吗？"

艾萨克摇摇头，说出了自己的计划："我要做一辆小车子。"

外婆怔怔地看了他一眼，被这个计划吓了一跳，要知道小木车的结构比起小木凳来，要复杂数百倍，不过她什么也没有说，她要看看艾萨克是否能做出一辆小车子来。

吃完饭，艾萨克就一头扎进了小阁楼。工作伊始，他在脑海里想了想小木车的结构，首先得有一个坐的地方，不然就不能称之为车了；接着，要有四个小轮子，让车子可以滚动；再者，还要有一个控制轮子的东西，也就是随时可以使车子停下来的刹车。

微弱的烛光之下，艾萨克的脸上绽放出属于孩子的最天真的笑容，这种笑容，在私塾是无法看到的。

第一步，艾萨克先锯下了一块长方形的木料，作为小木车的车厢，不过，艾萨克的小木车，车厢也仅仅只有这一块木板。好容易将木板锯下来，艾萨克又犯愁了，这还得拿到木匠叔叔那里去刨光滑才行啊！但是每天都要去私塾，哪里有时间去呢？

艾萨克琢磨了一阵，想出了一个主意。他推开小阁楼的木门，来到了外婆的房间。

外婆正在烛光下做针线活，见艾萨克进来，她停下手中的工作，笑眯眯地问："宝贝，你的小木车做得怎么样啦？"

艾萨克摇摇头，抬起小脸看着外婆说道："外婆，我能不能请您给我买个东西？"

"什么东西？"外婆问。

艾萨克将两只手捏成小拳头状，在空气中来回推动了一下："可以使木板变光滑的那个工具。"

看他比划的动作，还像模像样的，一定是从木匠那学来的，外婆不禁被逗笑了，她告诉艾萨克："这个工具叫做刨子。"同时，她也思考着艾萨克的这个请求，艾萨克总喜欢做木匠活，但木匠家离自己家又太远，买一个刨子确实会方便许多。

正好上次外婆上集市卖果子还剩余一些钱。于是，她点点头，表示同意艾萨克的这个请求，但是，她也有自己的条件："那宝贝要答应我，在私塾要认真听话，还有，晚上做小木车不要做得太晚啦！"

艾萨克高兴地点点头："谢谢外婆。"说完，他又转身跑到阁楼里去了。

刨子明天才会买来，艾萨克便将"车厢"放在了一边，接下来，他要开始做车轮了。说到车轮，一开始便将艾萨克难住了。这个小木匠到现在只做过小木凳，锯下的木板都是方形的，但是车轮是圆形的啊，要怎样开始锯呢？

不过，这个问题最终没有难倒艾萨克。他思考了一阵之后，从桌子上拿了一只铅笔，然后在木板上画出了一个圆，再将这个圆中间用线条分成好几等份，这样，锯的时候可以按直线锯，等锯下一块块三角板后，再将这些三角板拼装组合，不就可以做成一个轮子了吗？

想法虽好，但做起来却非常不容易，当桌上那只蜡烛燃烧殆尽之时，艾萨克才锯下了两块三角板。其实这个主意看似不错，却大大增加了工作量，因为必须锯开两个边，才能得到一块三角板。

外婆只给了他一只蜡烛，没有办法，艾萨克只好先回到房间睡觉，等明天天亮再说。

第二天早上，当外婆已经准备了早餐，艾萨克却还没有起床，难道他又不想去私塾啦！外婆赶紧走到他的房间一看，里面却根本没有人。这么早艾萨克到哪里去啦？正疑惑间，小阁楼上传来了锯子锯木的声音。

原来，艾萨克很早就起来工作啦。

外婆走进小阁楼，看见艾萨克正高挽着袖子，热火朝天地锯着木板，有些哭笑不得，但又不得不说道："艾萨克，去私塾的时间到了。"

艾萨克为难地看看外婆，眼神里充满了哀求，如果外婆能不再让他去私塾该多好啊！

但是外婆绝对不会答应他这个请求的，外婆说："昨天晚上和外婆说的话全忘记啦？"

是啊，昨晚上外婆答应给我买个刨子，自己也答应了外婆要去私塾好好读书的。无奈，艾萨克只好换上"校服"，出门往私塾走去。

私塾里的艾萨克根本无心听讲，老师也认定他是个呆子，不再去管他。所以，只要艾萨克安静地待在那不出声，也没有人去叫他。

艾萨克就这样在私塾里熬过了一天又一天，他最盼望的事情就是早点放学，放学后，他也不和任何小朋友玩耍，而是直奔小阁楼，因为在那里，他有很多很多非常忠实的朋友。

❋ 遭遇恐怖

不过这样的煎熬并没有持续多久，因为天气渐热，私塾决定放假一个月。艾萨克终于可以缓一口气了。

这天是放假前最后一次上私塾，艾萨克的小木车也快要完工了。他期望今天能早点放学，让他尽快完成小木车的制作。

到了私塾之后，艾萨克像往常一样坐在自己的椅子上，一言不发。不多会，老师走进来，他将手上拿着的一叠纸在讲台上一放，对小朋友们说道："明天私塾就开始放假一个月，现在大家来做一些题目，看这么久以来老师教的东西大家是不是完全学会了。"说完，老师给每个小朋友发了一张试卷，并一再强调："大家做这些题目的时候，只能自己做，不能看别人的。"说着，他的教鞭又在讲桌上狠狠一抽，"如果被我发现谁看别人的，我就要重重地打他手板！"

艾萨克看着眼前这张写满数字的试卷，觉得自己一个也写不来，不过他也压根儿没有想过要去看别人的。他就这样呆呆地坐着，偶然看到一两个外婆教过的，便写了上去，在他心里，似乎一点也不在乎能做出几个题目，他满脑子思考的，都是怎样将小木车做得更加精细、耐用。

终于快考完了，老师高声喊了一句："大家不要写了，时间到了。"然后，他走过来，将小朋友们的试卷都收走了。

不多久，老师又回来了，将试卷一一发给了小朋友。艾萨克拿过自己的试卷，看到左上角那个醒目的红字：2。他明白那是这张试卷的得分。

这时，他旁边的小朋友凑过头来，好奇地问："喂，艾萨克，你考了多少分？"

艾萨克不想告诉他，慌乱地想把试卷藏起来，但是，那个醒目的红色"2"字已经被这个小朋友看在了眼里。顿时，他发出一阵嘲笑声，并且大声地说："大家快来看啊，艾萨克只考了2分。"

艾萨克将试卷捏成一团，紧紧地捏在手中，小脸涨得通红。

老师赶紧狠狠甩了一下教鞭，大声呵斥道："安静下来，吵什么，艾萨克成绩不好，难道不是正常的吗？你们不准吵。"

艾萨克呆呆地看着老师，心里有

一股想流泪的冲动，但硬被他生生地忍回去了。

从私塾里出来，艾萨克才恢复到了自己原本的模样，他和流水、树木、花草说话，尽管它们不会回答，他也非常高兴。

回到家，外婆赶紧迎上来，笑着问艾萨克："宝贝，听说私塾今天考试了，你考了多少分啊？"

艾萨克心里咯噔了一下，老实地将试卷交给了外婆。

外婆奇怪地接过这纸团，打开来一看，居然只有2分，这个慈祥的老太太如何都不能相信自己聪明的孙子只考了2分，但当她看完这张近乎是白卷的试卷后，她接受了这个事实。

看来艾萨克在某方面，确实是个傻瓜，外婆将这试卷放入围裙的口袋，无奈地念叨："这大概都是上帝的旨意吧。"说完，又赶着喂牛去了。

这下艾萨克彻底轻松了下来，在很长的一段时间内，再没有人会因为私塾里的事责骂和嘲笑他了，他口中欢快地叫着，快步跑进了小阁楼。

现在我们来看看他的小木车吧，四个轮子已经做好，"车厢"前方的下面，也已经做好了一个在紧急时刻，阻止车轮朝前滚动的装置。现在剩下最后的就是将小木车的各个轮子给拼装起来。眼看自己的小木车就要完工了，艾萨克心里的那股兴奋劲儿就别提了。他赶紧将车轮钉在了车厢的前后左右四个地方，钉好后再一看，一辆小木车终于完成啦。

艾萨克欢快得手舞足蹈，嘴里还兴奋地叫着，把外婆也给吸引过来了。

"宝贝，怎么啦？"外婆着急地问。她还从来没有见过艾萨克如此兴奋的模样。

艾萨克指着阁楼一角的小木车，冲外婆兴奋地喊着："外婆，我的小木车做好啦！"

外婆一看，果然，那小木车看上去还真是有模有样的，精巧得很呢！那赶快拿出去试试啊。"外婆也非常兴奋。说着，外婆搬过小木车，和艾萨克一起来到院子里。

小木车放稳当之后，艾萨克迫不及待地坐了上去，而外婆则在后面推。

奇怪的事情在这时候发生了，任外婆如何用力地在后面推，车子就是不动。艾萨克着急了，他跑下车子，和外婆一起推，这回车子被直直地往前推了几米，但看上去怎么都觉得很别扭啊！

外婆首先发现了不对劲，她哈哈笑起来："宝贝，你做的这小木车的车轮根本无法转动啊，难怪车子不往前走啊！"

车轮不转？艾萨克第一次遇到了这样的问题。

外婆耐心地给他解释："你的小木车确实有车子的形状，但是还不是真正的车子。"

"那怎样才是真正的车子呢？"艾萨克问。

外婆想了想，带他来到了院子后面。这里停着艾萨克家自己的一辆小马车，是外婆准备用来拉水果去集市上卖的。

外婆和艾萨克一起在马车的车轮部位蹲下来，外婆指着马车的车轮对艾萨克说："你仔细看看，你的小木车和这辆小木车有什么不同？"说着，外婆站起身走到前面，轻轻地拍拍马背，让它往前走上几步，好让她的宝贝孙子好好看看车轮是怎样转动的。

马儿非常听话，向前缓缓地走了几步，车轮开始转动了，艾萨克睁大眼睛，仔细地打量着车轮和车厢的黏合处，这时候他才发现，其实车厢和车轮并不是钉在一起的，车轮钉在了车厢下的一根长且圆的木棍上。

"这是什么，外婆？"艾萨克指着这根长且圆的木棍问。

外婆说："这是车轴，没有它，车轮就无法转动。"

艾萨克明白了，他的小木车还差了一根这样的车轴。"我明白了。"他冲外婆高兴地喊了一句，飞快地转过身，往小阁楼跑去了。

外婆看着他的背影，心里又高兴又不解：为什么这么聪明的孩子，考试只拿到2分呢？

在回小阁楼的路上，艾萨克已经想好要怎么做了，他先是用锯子、刨子做出来一根木棍，并在两头各挖了一个凹槽，这个凹槽的宽度和车轮木板的侧面宽度是一样的。然后，他将四个车轮卸下来，在每个车轮的中间都挖了一个洞，当然，这个洞的面积与木棍两头的大小是一样的。再接着，他将木棍钉在了车厢前方底部，但是挖凹槽的地方要多出来。这最后一步，就是将车轮卡进木棍的凹槽里。

这几个步骤说起来容易，但做起来却花费了艾萨克足足两天的工夫，最终，在艾萨克不懈地努力之下，小木车于第三天下午改装成功。

艾萨克赶紧让外婆将小木车搬到院子里再试一下，这回外婆可是轻易地就将艾萨克推动了。

几经挫折，小木车终于成功啦！艾萨克坐在小木车上前进，感觉到一阵阵微风迎面扑来，非常凉爽！不过，在外婆的推动下，这小木车也只前进了十几米便停下了。

艾萨克说："如果也在前面套上一匹马就好了！"外婆听了忍俊不禁："宝贝，哪有这么小的马给你拉车啊！"

忽然，艾萨克想到了一个好地方，他赶紧推着小木车出去了。

他想到的好地方就是村外那条河上的山坡，他记得以前从山上下来的时候，如果不稳住脚步，就极容易摔倒。如果小木车从那上面下来，岂不是就不要人推了吗？他为自己的这个主意兴奋着，推着小木车上了坡顶。

这是一个斜长的坡，坡下流淌着一条小河。艾萨克一点也不担心自己会摔到河里去，因为他专门为自己的小木车做了一个刹车装置，等快到河边的时候，他就赶紧拉刹车，使得车轮停止转动，这样他就可以安然无恙地在河边停住了。不一会儿，艾萨克便站在了坡顶。他坐上小木车，手扶着刹车阀门，高声叫着："出发了。"说着，他双脚往后一蹬，车子便带着他朝下飞滚而去。哇，速度越来越快，吹在脸上的风甚至要将眼睛迷住了。艾萨克赶紧用手去蒙住眼睛，透过手指细缝一看，前面不远就是河啦。他一个激灵，赶紧用手将刹车拉住。

但是，事情的发展远远超出了他的意料，虽然他拉着刹车，但是车子还是一个劲儿地往前冲，眼看车子就要飞进河里去了，惊急交加的艾萨克不禁闭上了双眼，害怕得大声叫了起来。

突地，他感觉全身一震，小木车以极快的速度撞到一块大石头上，车身整个飞了出去，而艾萨克则滚落在了一边。

山坡上的小石子将艾萨克身上划出了一道道伤口，有些伤口还渗出了鲜血，火辣辣的疼痛使得他大哭起来。

这一刻，他也不去管他的小木车了，他毕竟只是个孩子，现在的他只想找到外婆。于是，他从地上爬起来，嘴里还在不住地抽泣。

忽然，他看见山坡上有几匹马飞奔而下，骑马的人个个穿着铁皮做的衣服，这衣服包裹着他们的全身，只露出两只眼睛，他们挥舞着长剑奔来，将艾萨克团团围住了。

艾萨克惊讶地抬头看着他们，一接触到那冰冷的眼神，艾萨克立即将头低了下去，不敢再看了。

"你有没有看到一个穿蓝色衣服的人从这里过去？"铁皮人问道。

艾萨克全身发抖，摇了摇头。但他这个摇头动作的幅度过于微小，铁皮人高居马上，根本没有看清楚。

"问你有没有看到？"铁皮人的脾气非常不好，声音已经带有极大的愤怒了。

艾萨克被这一吼吓坏了，生性腼腆的他更加害怕了，一时间他只呆呆地站着，什么话也说不出来。

铁皮人仔细打量了一下他，才发现他身上有很多血痕，看那鲜血还在往外冒，一定是刚刚受的伤。接着，他们又看到河边那辆已经摔坏的小木车，便明白了，原来这是个贪玩的孩子，他只顾着玩耍，应该不会留意到有什么人从这里经过。于是，他们没有再问下去，而是挥剑离开了。

看着他们远去的背影，艾萨克终于忍不住心中的委屈与害怕，哇地一声哭了起来。他一边哭一边走回了家，走进院子后，他大声地哭喊起来："外婆，外婆。"

外婆正在仓库里整理葡萄酒，听见艾萨克在外面喊，马上往外走。等出来一看，才出去一小会儿，艾萨克怎么变成这么个狼狈模样了？外婆赶紧走上前，抱着艾萨克："宝贝不哭了，告诉外婆怎么了？"

先经历了刹车失灵，然后又遇到挥刀舞剑的铁皮人，艾萨克还从来没有经历过如此令人害怕的事情，心中的恐惧化成泪水，怎么也擦不干。

外婆让他站在原地，自己到房间里拿了干净的棉花和可以消毒的威尔士酒来为他擦拭伤口。

当酒精侵入皮肤，伤口发出阵阵疼痛，艾萨克不禁哭得更大声了。外婆在一旁安慰道："忍着一点，不然以后伤口发炎，就会更疼了。"

处理好伤口之后，外婆又问："到底发生什么事了？是不是摔了一跤？"

艾萨克的情绪渐渐恢复平静，他对外婆说："小木车摔坏了，在那边的山坡上。"说着，他用手往那山坡的方向指了一指。

外婆知道了，一定是艾萨克贪玩，跑到山坡上去滑小木车，不小心摔了下来，哪个小孩子不贪玩啊，外婆也不责怪他，只是叮嘱道："以后要小心点，如果今天摔到河里去了，就有大苦头吃了。"

艾萨克点点头，即使外婆不说，他以后也不敢到外面去玩了，因为比摔跤更可怕的是铁皮人，他们的剑一挥，或许艾萨克就没命了。想到这里，艾萨克打了个寒颤："我还看见了铁皮人！"

铁皮人，外婆先是有些疑惑，但她随即便明白了，艾萨克看到的是穿着铠甲的骑士，他们是王室的军队。外婆的脸色顿时变得煞白，她赶紧问艾萨克："他们做什么了？"

艾萨克看着外婆："他们问我有没有看到一个人，一个穿蓝色衣服的人。"

"那你怎么说？"外婆问。

艾萨克摇摇头："我根本没有看到。"

外婆站起身，朝那山坡上望了望："他们走了吗？"

"走了。"艾萨克说，

"往哪儿走的？"外婆问。

艾萨克想了一想，又给外婆指了个方向，"往那边。"

外婆看了看，那边是出村的路。她松了一口气，对艾萨克说："以后你不要乱跑了，外面正在打仗呢。"

艾萨克并不明白打仗是什么意思，但是，经历了这件事以后，他再也不敢往外跑了，整天都待在庄园或小阁楼里，想着一个个怪问题。

✸ 太阳和树枝里的智慧 ✸

整天待在庄园内的艾萨克开始帮外婆干起活来，给奶牛喂草，在大桶里将葡萄踩碎，然后用来酿成葡萄酒；或者看外婆制作奶酪。不过他心里一直惦记着那辆摔坏的小木车，虽然没敢去捡回来，但他的脑海却时刻在寻找着刹车失灵的原因。他始终想不明白的是，为什么他已经拉下了刹车，车子还会往前走？当然，当时的学术水平还没有人能够解答他的这个问题。可能谁也不会想到，这个为"刹车"问题苦恼的孩子，以后会在这方面对世界物理科学做出巨大贡献。

闲暇时，艾萨克依旧经常躲在小阁楼里，不过这个小木匠最近没有什么新的计划。

这天，外婆又要上集市去买些东西，便带着艾萨克一起去了。

艾萨克很少来这种人多热闹的地方，他觉得这种地方让人感觉很不舒服。虽然集市里有很多他从来没有见过的日常用品，但没过一小会，他还是吵着要回家去了。可外婆还没有将所需的东西买齐，她想了想，便带着艾萨克来到了卖草莓秧苗的地方。

看着眼前一根根用纸包住一头的树枝，艾萨克来了点儿兴趣："为什么他们要将小树枝用纸包起来？"他问外婆。

外婆指着其中的一个说道："它们可不是简单的树枝。你看，那用纸张包裹的一头是根，纸里面还包着泥土呢！如果把它们栽到土里，然后用心培育，就会结出红色的草莓来。"

红色的草莓，就是用这种树枝栽种出来的？艾萨克有些不相信，除非他能够亲眼看见，于是，他对外婆说："那我们也买一根树枝回去，我要亲眼看看它能不能长出草莓！"

外婆正是这个意思，她高兴地答应了："一根不行，我们还是买两根吧。"

捧着两根树苗的艾萨克高兴极了，他的脑海里想着这树枝如何能够结出草莓，也忘了催促外婆。直到上了马车，艾萨克才想起来要赶快回家。他对马夫说道："麻烦您快点赶马吧，我要回去栽种草莓了。"

马夫是个慈祥的老头，对小孩子更是温和有加，他马上笑着回答："好咧，人齐了我们就回去了。"

又等了一会儿，村子里来集市的人陆续都上了马车。只听得马夫吆喝了一声，马儿开始向前跑，马车开动了。

回到家的时候，正是中午，艾萨克一点也不害怕太阳的毒晒，他跑到放葡萄酒的仓库拿了一把小铁锹，便对外婆嚷着要种草莓了。外婆拗不过孙子的倔脾气，只好顶着烈日，和艾萨克来到了位于庄园一角的菜地里。

艾萨克兴冲冲地在菜地一隅挖了两个小坑，然后问外婆："就这样将小树枝放进去吗？"

外婆摇摇头："我们先将外面的纸扯开，然后将附着在根部的泥土稍微清理一下，就可以将根埋到地里去了。"

"只要将根埋到地里去吗？"艾萨克将外面的那张纸扯开，指着小树苗的根问道。

外婆点点头。

艾萨克快速地按外婆教的方法种好了一根树苗，而外婆同时也将另一根种到土里去了。

"外婆，"艾萨克又有了问题，"为什么要将树枝上面的这一截露在外面？"

"这个，"外婆说道："因为它要吸收太阳光和空气，就像宝贝要吃面包和土豆汤一样，树枝吸收了太阳光和空气，才能够长大，结出草莓。"

"那根为什么要埋到土里去呢？"艾萨克又问。

"因为它也要喝水啊，但空气中没有水，土里才有水，所以根要埋在土里。"外婆说。

"哦，"艾萨克明白了："原来草莓树枝有两个嘴巴，一个用来吃空气和阳光，一个用来喝水！"

外婆在一旁笑着，这次她不用紧张得擦汗了，因为这个问题对一个在农村里生活的人来说，是非常容易回答的。

将草莓苗种下地后，外婆便拉着艾萨克进屋里去睡午觉，外面的太阳实在太毒了，待久了会中暑的。

但是艾萨克心里挂念着草莓苗，等外婆走出房间后，他赶紧下床趴在窗台上看着那两棵草莓苗，他期望着那草莓苗快快长大，让他亲眼看看草莓是怎样生长出来的。但是，他看了整个下午，那两棵草莓苗却还是老样子，根本没有什么变化。

吃完晚饭，他又忍不住去看看，让他失望的是，草莓苗还是没有什么变化。他不禁感到有些沮丧，他问外婆："为什么草莓苗一点变化也没有啊？"

外婆在一旁笑着："哪有这么快！等它长出新芽，可能都要等一个多月不止呢！"

虽然外婆这么说，但艾萨克还是每天都守着那草莓苗，希望它可以快快长大。看他这个样子，外婆实在很担心，外面的太阳那么毒辣，气温那么高，热出病来可怎么办啊！不过，经验丰富的外婆很快就想到了一个两全齐美的办法。

她找来两个大大的瓦罐，在底部凿了两个小洞，再把瓦罐里撮满了土，然后将草莓苗搬进了这个新家。做完这一切之后，她将这两个瓦罐放在了艾萨克房间的窗台上，这下艾萨克不用在太阳底下观察草莓苗的生长进度了。

艾萨克高兴极了，从此，只要睁开眼，他就可以看到窗台上的草莓苗了。

第二天刚起床，艾萨克便趴在窗台上看，晨曦照在草莓苗上，在瓦罐的左边留下了一道斜斜的影子。草莓苗仿佛长高了些，这个发现让艾萨克激动不已。

中午的时候，他又去看，这时早上的那道斜影子不见了，草莓苗还是老样子。但艾萨克没有灰心，下午吃晚饭前，他又来到了窗台边。咦，让他感到新奇的是，那道斜影子又出现了，只是换了个方位，出现在了右上方。这个发现让艾萨克困惑不已，难道影子在和自己捉迷藏吗？

为了确定自己的发现，第二天早上、中午和下午他又来到窗台前，结果和昨天是一样的，早上和下午都有一道斜影子，只有中午没有。为什么会出现这样的情况呢？除了早上和下午，别的时间还会有斜影子出现吗？

这时候太阳已经落山了，要等到明天太阳升起的时候，这个问题才会有答案，艾萨克不禁叹了一口气。

第二天，外婆发现艾萨克在窗户前待了一整天，而且一句话也不说，看上去仿佛在想什么问题，外婆心里很担心，这孩子整天想一些怪问题，会不会想傻了。

吃晚饭的时候，外婆忍不住说："宝贝，草莓要发芽，也要等到一个月之后，你整天看着，它也不会加快发芽速度啊！"

艾萨克看着外婆："外婆，我并不是在看草莓。"

"哦？"外婆奇怪了，"那你是在想什么问题吗？"她问。

艾萨克却没有回答，他冲外婆眨眨眼："秘密。"

这小孩，外婆不禁被他逗笑了。吃完饭，艾萨克没有立即上小阁楼去，而是走到了院子里。他在院子里转了一圈，找了一块比较平整的地，然后，他用树枝画了一个圆圈，中间插上了一根树枝。

外婆远远地看见了，冲他喊道："宝贝，你是在画画吗？"

"没有。"他简短地回答了外婆，然后又继续埋头做自己的工作。

天黑了，月光照耀着大地，山川河流都散发出迷人的银白色光芒，树木花草都投下了淡淡的影子，天地之间安静极了。

艾萨克看见，那圆圈中的树枝也有一道淡淡的月光之影，刚好投射在圆圈的一角，艾萨克的嘴角抿起一丝微笑，他在心里说：太阳公公，明天希望你早点出来。

太阳公公果然满足了他的愿望，第二天艾萨克刚睁开眼，便看见窗外天边已经出现了丝丝红霞。他从床上一跃而起，赶紧跑到院子里去了。

圆圈中的长树枝因为受到阳光的照射，在圆圈内投下了一道斜斜的影子，艾萨克赶紧用树枝在影子落下处划上一道深深的痕迹。

吃完早饭，树枝的斜影子已经稍稍偏了一些，艾萨克又在影子落下处划上深深的痕迹。之后，他一直守着这个圆圈和长树枝，每当长树枝的影子发生较为明显的变化时，他都在影子落下处划上深深的痕迹。

不多久，外婆走出房子，开始干活了，她见艾萨克又蹲在太阳底下，不由大声地喊："宝贝，不要晒太阳。"但艾萨克蹲在那儿一动也不动，好像根本没有听见她的话。

真是个倔强的孩子。外婆叹了一口气，因为手头上还有很多事情要做，她也顾不得这许多了。

艾萨克就这样在烈日下待了一整天，虽然他也感到酷热难当，但是他却一点也不想离开那圆圈和树枝；虽然流了很多的汗水，但他的心里感觉非常充实，因为他的问题得到了解决，他终于知道为什么影子会发生变化，原因在于太阳也在移动，而随着影子一点点地移动，时间也在一点点地流逝。

中午有一段时间，树枝的影子会消失，那是因为太阳照在树枝的正上方，投下的影子只有一个小点，这个小点正好落在树枝跟地面接触的地方，所以看不出来。当树枝的影子慢慢向这个小点靠拢时，天就越来越亮，温度也越来越高；但当影子从这个小点回复到斜长影子的时候，温度就会慢慢下降，天也会慢慢变黑。

这次的经历让他学会了一件事：如果你想弄清楚某件事，就要亲自去研究，不要道听途说。这个领悟也伴随了他的一生。

晚上吃饭的时候，外婆发现艾萨克明显地被晒黑了，心疼艾萨克的她不由责怪道："宝贝，今天你为什么要在太阳底下晒？"

艾萨克冲外婆笑着说："外婆，这是秘密。"

"跟外婆之间还有秘密？"外婆看着他。

艾萨克点点头，"不过，"他说："过不了多久这个秘密就会对您公开的！"一席话说得外婆情不自禁地笑了。

晚上，艾萨克钻进了小阁楼，他在桌子上铺开一张纸，画上了一个大大的圆圈，然后他凭记忆将今天圆圈里影子停留的位置清晰完整地画在了上面。等他画好这幅图，蜡烛也熄灭了。

他回到卧室，脑子里却还在思考，当太阳在树枝正上方的时候，用什么办法能将它用斜影子表现出来呢？想来想去，也没有想到什么好办法。最后，他迷迷糊糊地睡着了。

第二天天亮之后，艾萨克便马上拿着昨晚画好的图纸和院子里的圆圈去对比，果然分毫不差。

他在圆圈旁坐下来，却丝毫也不快乐，因为昨晚上那个问题一直困扰着他，让他心绪不平。

这时太阳缓缓升起，树枝开始在圆圈里投下影子。艾萨克看着这个影子，想着这个时间外婆应该叫他吃早餐了。果然，不一会，外婆便在厨房里喊着："艾萨克，快来吃早饭了。"

问题找不出答案，他实在没有胃口吃早餐。但他又不想听外婆的唠叨，于是，他走进了厨房。

"宝贝，"外婆将牛奶和面包放在他面前的桌子上，"过两天你要去私塾上学了，好好准备准备。"

艾萨克一惊，假期这么快就过去啦？

外婆接着说："你一定要好好学习，下次考试拿个高分回来。上次你的牧师舅舅问我你的学习成绩怎么样，我还真不好意思说。"

和外婆谈论私塾的学习，艾萨克不会感到紧张，只是觉得有些难为情，他不由得将头低下去了。

外婆见状又说："不过就算我说了，你牧师舅舅也不会相信，在牧师舅舅看来，我的宝贝是多么的聪明啊！"说着，外婆爽朗地笑起来，艾萨克心里的难为情顿时烟消云散。

吃完饭，艾萨克又开始守在圆圈旁，看影子一点点移动，猜测着外婆下一步要做什么事，果然，都被他猜对了。

外婆每天都要做很多同样的事情，已经渐渐形成了习惯，不看时间也是一样，所以艾萨克能够猜对。

影子渐渐缩短，开始要汇集到中间那一点上去了，艾萨克想将图纸放到圆圈中央去，再次测试一下自己画图的准确性。想不到，奇异的事情就在此刻发生了。当图纸被他斜着想放入长树枝底下的时候，图纸上出现了一道斜影子。

艾萨克一愣，现在太阳正在长树枝的正上方，为什么在图纸上也出现了斜影子呢？难道？艾萨克灵机一动，他先将图纸斜斜地拿着，然后从地上抽出长树枝，垂直地放在图纸的中央，奇异的事情再次发生了。

虽然现在太阳在长树枝的正上方，但一道斜斜的影子却赫然出现在了图纸上。原来只要将这个影子刻度表斜着放，正午的太阳也可以出现影子啊！终于找到问题的答案啦！艾萨克高兴地叫起来："看来我要重新做一次试验啦。"

艾萨克赶紧跑进了小阁楼，准备按照上次做轮子的方法再拼装一个圆盘。这可不是件轻松的活，圆盘足足花费了他一下午的时间。看来又只能等明天才能重新试验了，看着已经挂在半空中的月亮，艾萨克在心中叹了一口气，这时的他多么希望没有晚上，只有白天啊！

第二天早上天一亮，艾萨克就来到了院子里。他还做了一定的准备工作，首先，他用一根长木棍代替了插在地上的长树枝，牢牢地钉在圆形木板的中心，接着他搬来一块小石头垫在了圆形木板后面，这样圆形木板就成为一个倾斜的平面，即使是正午的太阳，也能够有影子投在圆形木板上。

就这样，艾萨克又在烈日下守候了一整天，这次他的收获是丰富的，他基本上将影子变化的轨迹记录了下来。晚上，他的任务就是将这些轨迹刻在这块木板上。

当他拿着小刀着手在木板上雕刻的时候，他不自觉地想起了那辆摔成几块的小木车，手拿小刀的他迟疑了，木板是很容易碎的，而且经雨水淋湿后特别容易发霉，如果用木板来做时间的刻度表，岂不是很容易损坏？那样的话花费的工夫又将浪费。

艾萨克想要做的是比小木车要坚固一百倍的东西，这样就不害怕摔一跤就烂成七八块的事情发生了。

那么采用什么材料好呢？艾萨克想啊想，忽然他想到了家里用来磨面粉的石磨，据说那石磨还是艾萨克的爷爷用过的，到现在还完好无损，而且还可以正常工作呢！看来，还是石头最耐用！

主意已定，艾萨克马上找了一块圆形的石头，这石头比木板要硬得多，在上面刻字自然不太容易。但艾萨克会自己想办法，他恳求牧师舅舅给他买了一根头上尖尖的小铁锹。得到小铁锹之后，他一手握着小铁锹，让铁锹尖尖的那头和石头接触，一手握着锤子，使劲捶打着铁锹平整的另一头，促使铁锹不住地往前推进，不久，一道凹痕便出现了。

为了这一道凹痕的出现，艾萨克欢喜了好一阵子。要知道每挥动一次锤子，艾萨克就会满头大汗，成功地凿出这一条凹痕，已经让艾萨克的衣服湿透了。所以，这个工作的进度非常缓慢，往往一条凹痕还没有完整地出现，艾萨克就已经累得趴在石头上睡着了。

这个工程的进度很慢，两天很快就过去了，艾萨克又要去私塾了，每天只有晚上才能继续，速度就更加慢了。

等到艾萨克完成将时间刻度凿刻在石头上这个任务时，已经是冬天了。眼看着圣诞节就快要来到，艾萨克也要过生日了。

圣诞节的前夜，牧师舅舅特地来到艾萨克庄园和他的母亲、侄子一起吃火鸡，庆祝圣诞节。

吃饭的时候，牧师舅舅问他圣诞节前的考试成绩怎么样？艾萨克心中一愣，不敢回答，一双眼睛只管盯着外婆求救。

外婆在一旁叹了一口气："你说这世上什么怪事都有，你看，像艾萨克这样聪明的孩子，对私塾里的学习却一窍不通。"

牧师顿时明白了母亲的意思，他转头看看艾萨克，艾萨克早已经羞愧难当，而将头埋得非常低。

"艾萨克。"牧师舅舅故意叫着侄子的名字。接着，他听到了如蚊子般细小的声音"舅舅……"语气里竟带了哭腔。

牧师舅舅见状便不再为难他了，但艾萨克的这顿圣诞节晚餐吃得一点也不好。吃完饭，艾萨克像往常一样躲进了小阁楼。

外婆见他上楼去了，才对牧师小声说道："艾萨克并不是很喜欢去私塾。"

"哦？"牧师有些惊讶，"难道他想做农夫吗？"

外婆摇摇头："这孩子不是人们说的那样，呆呆傻傻，不过总喜欢问些怪问题，好几次我都没办法回答他。"

"他都问您什么问题啦？"牧师对这个非常感兴趣。

外婆正要回答，却见艾萨克回到了餐厅门口。他的小脸蛋红红的，不知道是不是因为紧张，他看着外婆说："外婆，我的秘密今天可以揭晓了，您要不要去看看？"

秘密？外婆忽然想起来，那还是夏天的事情。"好，我要去看。"说完，站起身，牧师舅舅也跟着走出去。

艾萨克在前面带路。他们来到了院子的一角，借着房间里透出的烛光，看见一块圆形的大石头平放在地上，而令人奇怪的是，大石头的中心还插了一根铁棍子。

"这是什么？"牧师舅舅好奇地问。

艾萨克没有马上回答舅舅的问题，只是对他说："您能帮我将这石头搬起来，斜靠到墙上吗？"

舅舅立即蹲下身，和艾萨克一起将这块圆形的大石头靠在了墙上。当一切放置稳当，牧师认真地打量了一下这个重东西，在房间内微弱的烛光下，牧师似乎看见一道影子出现在了圆形石头上，但这道影子忽隐忽现，使他无法确定自己所看到的。

突然，一个奇怪的想法在他的脑海里产生了，不过马上又被他否决，因为艾萨克才九岁啊！但是当牧师舅舅将眼前的这个东西看清楚后，他不得不相信，这就是日晷（guǐ）仪啊，他还是在伦敦见过这个东西呢！他惊喜地看着艾萨克："这个是你做的吗？"

艾萨克点点头，脸蛋因为紧张而红扑扑的。

外婆这时才恍然大悟："难怪你总是在太阳底下蹲着，原来是为了完成这个伟大的工程！"

受到夸奖的艾萨克更加不好意思了，牧师舅舅摸摸他的头："你这个日晷仪做得很好，能不能送给舅舅？"

艾萨克不解地看着舅舅："您用来做什么啊？"

牧师舅舅笑着说："舅舅要将它放到教堂里去，这样就会有更多的人知道艾萨克的聪明才智啦！"说着，舅舅和外婆都高兴地笑起来。

就这样，艾萨克辛苦半年制作好的日晷仪被搬到了舅舅任职的教堂，直到今天还安静地摆放在那里。

第三章

才智少年

你居然会做水车

随着太阳投射在日晷仪上的影子一圈圈转过，艾萨克也渐渐长大了，他开始帮助外婆做一些力所能及的体力活了，只是，喜欢问"怪问题"和不爱说话的习惯还是没有改变。

这一年，葡萄获得了大丰收，外婆特地请她的牧师儿子来庄园里摘葡萄。当牧师来到庄园之时，他发现艾萨克也在帮忙。有半年不见，艾萨克的个头又往上蹿了不少哩！

"艾萨克今年有十二岁了吧？"牧师舅舅一边将装满葡萄的筐子挪开，一边问道。

外婆点点头："是啊，是个小伙子了。"

牧师舅舅笑眯眯地看着艾萨克，问道："想不想去格兰瑟姆的中学去读书啊？"

去中学读书？艾萨克稍微愣了一下，在私塾里不愉快的记忆立即浮现在脑海，他低下头，有些不想去。

舅舅看出了他的心思，他笑道："中学和私塾可是不同的，中学里可以学到很多有用的知识，还可以亲手做实验呢！"

听到这句话，艾萨克立即抬起头来了，眼里闪现出惊喜的光芒，舅舅说的都是真的吗？

外婆也在一旁鼓励道："对啊，中学里的生活可丰富多彩啦。"她希望孙子多去读点书，以后可以做个牧师什么的，就不用靠干农活来养活自己了。

不过，牧师舅舅可不是这么想的，他自己读过大学，知道什么样的人应该去读书。在他看来，艾萨克头脑聪明，是块读书的料。所以，他极力劝说着艾萨克，要他去格兰瑟姆的皇家中学读书。

但是，除了对私塾的坏印象使他犹豫之外，他还有自己担心的事情：从家里到格兰瑟姆有很长的一段路程，不可能每天来回，所以必须得住在格兰瑟姆，这样家里就只有外婆一个人了。

随着艾萨克的成长，外婆也日渐衰老，这么久以来，很多粗重活都是艾萨克帮着一起做的，如果艾萨克去格兰瑟姆了，那外婆将怎么办？看着年迈的外婆，艾萨克说："如果我去格兰瑟姆读中学，那外婆一个人在家怎么办呢？"

外婆听到这句话，心里既欢喜又感动，差点就流下泪水，不过有什么比宝贝孙子的前途更重要的呢？于是，她对艾萨克说："你不要管外婆，不是还有这么多邻居吗？你舅舅也会时常来帮忙的。"

艾萨克眨眨眼，"那好吧。"他同意了。

见艾萨克终于点头，牧师舅舅也就放心了。当天回去后，他马上给艾萨克联系在格兰瑟姆的住处，确定就租住克拉克药局的二楼后，艾萨克去格兰瑟姆读书的日子很快也就定了下来。

这天一大清早，舅舅雇佣的马车来到庄园门口，要接艾萨克去格兰瑟姆。而庄园的房子里，外婆和艾萨克还在为行李的事情争执不下。外婆给艾萨克收拾了一箱子的日常生活用品，已经非常重了，但艾萨克坚持要将小阁楼里的锯子、刨子、锤子等这些忠实的朋友带到格兰瑟姆去。

外婆不同意：“你带着这些去中学做什么？难道你还要钻进小阁楼度过你的中学时光吗？”

不善言辞的艾萨克一言不发，但是从他坚定的眼神中可以看出，今天他是非带走这些东西不可的。

外面的马夫已经在催促了，他还要去做下一趟生意呢！

见艾萨克死死地抓着门框，一定要带着这些东西出发，外婆无奈，只好同意了：“好了，你赶快收拾收拾，等会马车走啦！”

艾萨克感激地看了外婆一眼，转身迅速地将这些忠实的伙伴收拾妥当了。接着，由马夫帮忙将行李搬上了马车，艾萨克则自己爬了上去。

外婆站在马车旁，递给艾萨克一个小包袱，“艾萨克，”现在艾萨克长大了，外婆也不称呼他为宝贝了，外婆叮嘱道：“到了格兰瑟姆要好好照顾自己。”说着，外婆忍不住流下了泪水。

只听得马鞭在空中一抽，“啪”地一声打在了马背上，马车开始被马儿牵引着朝前跑去。

艾萨克赶紧冲外婆点点头，表示明白了外婆的嘱咐，而外婆的身影却越来越远，直到再也无法看见，艾萨克才将外婆给他的小包袱打开，里面是各种各样的小点心，还热乎乎的，应该是外婆大清早起来给他做的吧。

没有父母的童年虽然充满遗憾，但外婆却给了他无私的爱，让他茁壮成长。

马车飞奔，转眼就离开了乌尔索普村的乡间小道，转而上了哈门公路，往格兰瑟姆奔去。

　　长这么大以来，艾萨克去过的最远地方，就是帮外婆卖水果的集市。现在到了格兰瑟姆，一个比集市要人多百倍、热闹百倍的地方，艾萨克更是紧张。

　　正午刚过，克拉克药局便到了。克拉克夫妇知道艾萨克今天要来，已经在门口等候。这会儿见马车来了，都上来帮艾萨克搬东西。

　　克拉克夫人见马车上坐着一个少年，便问道："你是艾萨克吗？"

　　艾萨克看着这个满面笑容的陌生人，稍微放松了些，他冲这位夫人点点头。

　　"詹姆士牧师是你的舅舅吧？"她又问。

　　艾萨克依旧点点头，小声地对她说了句："夫人，午安。"

　　虽然神情过于腼腆，但周到的礼貌还是让克拉克夫人喜欢上了这孩子，她和丈夫将行李搬下车后，又对艾萨克说："来，快下车吧。"

　　艾萨克下车后，跟着他们走上了克拉克药局的二楼。克拉克夫妇将行李放进了其中的一个房间，并帮着这小男孩收拾了一下。

　　床单是早上才换过的，房间卫生也打扫过了，所以只一小会儿，东西便收拾好了。克拉克夫人对他说："你先休息一下，等会下来吃午餐。"

　　看着热情周到的克拉克夫妇，艾萨克感觉像回到了家里，神情也没那么紧张了。等他将自己的锯子、锤子、刨子、铁钉等东西也收拾好之后，他便跑下楼来。忽然，他听到一个清脆的声音问他："嗨，你是从乌尔索普村里来的那个人吗？"

艾萨克抬起头一看，一个和自己差不多大的小女孩站在一楼大厅中央看着自己，脸上带着微笑。

艾萨克还从来没有和女孩子讲过话，他的脸上顿时一片绯红。

小女孩见他不说话，又问了一遍："你是从乌尔索普村来的吗？"

艾萨克回过神来，他非常不好意思地点点头。

小女孩呵呵地笑起来，笑声如风铃一样悦耳，让艾萨克心中一动，他还从来没有听过这么动听的笑声。

"我叫史贝丽，你好，"小女孩友好地朝艾萨克伸出手，"你叫什么呢？"

艾萨克迟疑地伸出手，和小女孩轻轻一握："我叫艾萨克。"

小女孩还想说什么，克拉克夫人已经在大厅后面的房子里叫着："吃午餐啦。"

小女孩拍拍艾萨克的肩膀："走，我们吃午餐去吧。"

为了迎接艾萨克的到来，热情的克拉克夫人准备了丰盛的午餐，只见桌子上有烤鸡、面包、奶酪，还有新鲜果汁，乐得这个叫史贝丽的小女孩直拍手。

不过，艾萨克的脸上却没有一丝欢喜，他的注意力完全被压在餐桌下的一张图片给吸引了。

史贝丽见他呆呆的样子，不由觉得奇怪，她推了艾萨克一把："你在想什么？开始吃饭了。"

　　艾萨克回过神来，才发现克拉克夫妇和史贝丽都已经坐在了餐桌前，克拉克夫人切下大大的一块面包放在他面前的盘子里，说道："来，多吃点。"

　　史贝丽在一旁说："妈妈，您给艾萨克切一只鸡腿吧，从那么远的地方来，他一定饿了。"

　　艾萨克这才知道，原来史贝丽是克拉克夫人的女儿。他感激地看看这对关心自己的母女："谢谢。"他小声地说道。

　　但是，正当他低头切下一小块面包要放到嘴巴里时，他的目光又停留在了餐桌上的那幅水车画上，依照着这幅画，艾萨克仔细地揣摩着水车的结构，连面包也忘了吃。他更没有注意到，他的一切都被关注着他的另外三个人看在眼里，他们担心地对望一眼，不知道这孩子怎么啦。

　　"艾萨克，"克拉克夫人关心地问："你怎么啦？是不是不舒服？"

　　艾萨克被她的问候声从水车结构图里唤回来，即刻他便意识到了自己的失态，脸也红了一大半。他赶紧将面包放到自己的口中，冲另外三人腼腆地笑了笑。

　　来到格兰瑟姆的第一次午餐，他便在思考中度过了。

　　吃完饭，史贝丽邀请他去自己的房间玩，艾萨克一心研究着水车的构造，本不想去，但史贝丽的热情让她不忍拒绝。于是，他跟着史贝丽来到二楼的另一个房间。

　　这个房间就在艾萨克的房间隔壁，原来他们还是邻居啊！

　　走进史贝丽的房间一看，非常整洁干净，对着窗户的这面墙，放着一个低矮的书架，上面堆满了书。

　　艾萨克还从来没有见过这么多书呢！他便蹲下去，想看看这都是些什么书。不过，结果可真让他失望，书虽然多，却都是女孩儿看的一些故事书之类的，他根本不感兴趣。

史贝丽是个善解人意的好孩子，艾萨克面部表情的变化一丝也没有逃过她的眼睛，她笑着对他说："你想看书吗？"

艾萨克点点头，不过他申明道："故事书我可不喜欢看。"

史贝丽依旧笑着："克拉克药局的书可多着呢！"说着，她带着艾萨克一起来到了二楼的另一个房间。推开门，艾萨克便觉得房间里有一股肃穆的氛围，让人自觉地不敢大声说话。

史贝丽先走进去，然后对愣在门边的艾萨克摇摇手，示意他走进去。

艾萨克抬起步子，走了进去。眼前的景象让他呆住了：这房间内一共有四个高高的书柜，里面整齐有序地摆放着数不清的书。他不由发出一阵惊叹，迫不及待地问："我可以看这里面的书吗？"

史贝丽点点头："当然可以，每个克拉克药局的人都可以看，只要你不把书弄坏就行。"

从书房出来，他们又来到了史贝丽的房间，史贝丽问："你到这里来是去皇家中学读书吗？"

艾萨克点点头。

史贝丽笑起来："那我们就是同学了，我也准备去皇家中学读书。明天我们就一起去吧！"

艾萨克高兴地答应了，他没有想到，自己会有一个这么热心的同学，这比起私塾里的那些同学，可要好多了。

热情而友好的史贝丽很快得到了艾萨克的信任，艾萨克鼓起勇气将藏在心里的疑问对她说了出来："史贝丽，你能告诉我哪儿有水车吗？"

"水车？"找水车干嘛呢，史贝丽对他的这个问题感到很奇怪，不过她还是把自己所知道的告诉了他："我记得离皇家中学不远的一条河边有一个水车，以前我去看过。"

在学校附近就有水车，这个答案让艾萨克高兴地笑了："谢谢你。"说完，艾萨克起身礼貌地告辞了，他回到自己的房间，想要继续琢磨一下水车的构造。

第二天一早，艾萨克和史贝丽便结伴走进了皇家中学。中学的气氛和私塾里的果然有些不同，但是艾萨克一直在想着水车的事情，根本无心听老师讲课。

放学后，史贝丽正想叫艾萨克一起回家，转身一看，艾萨克却早已快她一步，跑出学校去了。

艾萨克没有立即回家，而是按照史贝丽的提示，来到了学校附近的河边，在这里，他果然看到了一架大水车。

皇家中学位于格兰瑟姆靠郊外的地方，附近有农田、草地，所以人们架起了水车用于储水灌溉。此时，水车在流水的推动下转动着，水车上的水斗轮流装满河水，等装满水的水斗又转到最顶上时，水斗里的水便倾入木槽，这样木槽中就又多了一勺水。河水流淌不息，水车也转个不停，田地也就不会干涸。

艾萨克为眼前这个转动的水车迷住了眼，一直到天黑才想起来要回家。等他回到家，克拉克夫妇却已经着急坏了，他们害怕艾萨克人生地不熟，万一走丢了怎么办？看着焦急的克拉克夫妇，艾萨克感到十分过意不去，但当他们问到他去了哪儿时，艾萨克却吞吞吐吐。最后，艾萨克还是什么也不说，胡乱吃了一点晚餐，便回到自己的房间里去了。

克拉克夫妇一致认为初来格兰瑟姆的艾萨克，一定是因为新奇贪玩而四处玩耍去了，看着艾萨克倔强的背影，克拉克夫人小声地叹了口气："早就听说他是个不喜欢学习的孩子，现在看来，果然是实话。"

艾萨克回到房间，马上点燃蜡烛，摊开纸笔，将今天看到的水车构造画了下来。昨天他也画过一张，但那是根据餐桌上的那幅写生画推断出来的，完全不能和今天的这幅相比。因为今天的这幅是艾萨克根据实地考察，仔细研究，细心观察得来的结构，是最科学的结构图。但是，想要自己做一架水车，有这个大概的结构图是不够的。想到这里，艾萨克不禁被自己的想法吓了一跳，哦，难道我要自己做一架水车吗？马上，他又充满信心地对自己说：对，我要自己做一架水车，我相信自己能够做到。

说干就干，但艾萨克也意识到，水车的制作和日晷仪是完全不同的。日晷仪的关键在于找准影子的刻度，但水车的结构就复杂多了，想要成功地做出一辆水车，必须要做出车轮叶板、水斗、水槽等零部件，而且还要将它们分毫不差地组合在一起，这对十二岁的艾萨克来说，确实是一个不小的挑战。

但是艾萨克很快明确了自己该做的第一步，那就是通过仔细观察，画出车轮叶板、水斗和水槽的结构图。

　　一连一个月，艾萨克都醉心于此，每天很早他就出门，放学后他马上跑去观察，如果不是在课堂上看见了艾萨克，史贝丽还以为艾萨克弃学回家去了。

　　这天放学，史贝丽好容易赶上了艾萨克，她拍拍他的肩膀："嗨，你有什么秘密？"

　　艾萨克一愣，不解地看着史贝丽。

　　史贝丽看着他呆呆的模样，不禁扑哧笑出声来："看把你吓的，难道你真的做了什么坏事吗？"

　　艾萨克还是呆呆地看着她，不知道他是不是听到了史贝丽的话。

　　史贝丽接着说："昨天的考试成绩明天就会公布了，你估计自己考得怎样？"

　　艾萨克还是没有说话，原来他的整个脑海已经被水车占据，根本无法听见任何人的话。

　　史贝丽兀自说了这么多话，艾萨克却一个字也没有搭理，她不禁有些生气地冲艾萨克喊道："喂，你有没有听见我说话？"

　　艾萨克终于回过神来，他抬起头，发现已经到了分岔口，一边是去小河边的，而另一边则是回家的路。他冲史贝丽笑了笑："你先回去吧，等会我自己回去。"史贝丽说了那么多话，他还以为她是叫他一起回家呢！说完，艾萨克匆忙往河边跑去，任史贝丽在后面如何喊叫，他也没有回头。

　　经过一个多月的努力，艾萨克终于做成了一个车轮叶板，取得了制作水车的阶段性胜利。但是，他在皇家中学的成绩就没有这么好了，这一个多月来，他成了班上成绩最差的学生。关于他是傻瓜的话渐渐从家乡传到了这里，同学们纷纷开始瞧不起他，总是对他进行恶作剧。老师们也因为他根本无心读书而不再关心他，认为他就是差学生。

但这一切对艾萨克来说，又有什么关系呢？他已经不在乎别人对他的看法，他只管沉醉在自己的世界里。

不过，史贝丽对他的态度却丝毫没有改变，依旧那样友好热情，这使得艾萨克非常感动，他下决心要做好这个水车，然后给史贝丽一个惊喜。

这天放学，艾萨克并没有如往常那样着急跑出教室，而是走到史贝丽身边，非常有礼貌地邀请她去一个地方。

身边的同学都叫起来："史贝丽不要去，他是个呆子。"

艾萨克听到了，脸上不禁一阵发白。史贝丽瞪了说这话的同学一眼："不要乱说话。"说完，她很高兴地接受了艾萨克的邀请，两人一齐朝外走去。

走到分岔路，史贝丽见艾萨克带着自己朝小河边去，不由感到好奇："艾萨克，你要带我去哪里啊？"

艾萨克冲她微微一笑："到了你就知道了。"

再走一会儿，就到了小河边，艾萨克带着她继续往前走，史贝丽便看见了一架小水车，说它小，是因为它只有河边另一架水车的一半大，但是，这架小水车并不是模型，因为它也在有力地转动着，并将河里的水舀在水槽。

史贝丽还不明白："艾萨克，你到底要带我去哪里啊！"

艾萨克看着那小水车，眼睛里闪耀着兴奋的神采。史贝丽隐约猜到了什么，但她不能相信这小水车竟然是艾萨克做的。

这时，几个干农活的人正从田间走过，准备回家。看到艾萨克，他们都高声祝贺着："祝贺你的水车制作成功啊，这下有了两架水车，我们就更不怕干旱啦。"这几个农夫，每天都看到艾萨克在这里制作水车，现在大功告成，当然应该表示祝贺啦。

艾萨克受到了夸奖，非常不好意思，将头低下去了。

这回史贝丽不能不相信了，她指着那小水车，惊讶地对艾萨克说："这个真是你做的吗？"

艾萨克点点头。

"想不到你竟然会做水车！"史贝丽用手拍拍自己的额头，显然，她想看看自己有没有产生幻觉。

事实证明，她没有产生任何幻觉，现在在她眼前的这架小水车，正是艾萨克花费了几个月的时间辛苦制作而成的。

"你真是个天才。"史贝丽不可思议地摇摇头。

✹ 皇家中学的捣蛋鬼 ✹

自从史贝丽告诉克拉克夫妇水车的事情之后，克拉克夫妇对艾萨克的看法完全改变了。在他们心里，艾萨克不再是个呆子，只不过没有把他的心思用在学习上罢了。

但是班上的那群捣蛋鬼知道了艾萨克在家乡被人称做呆子后，便开始想办法捉弄他。

一次，他们在艾萨克的椅子上钉了一颗铁钉，想让艾萨克坐下去后又马上尖叫着跳起来。好在艾萨克对铁钉的模样十分熟悉，一眼就瞅见了那黑色的长钉子，然后自己将它拔了出来。

见铁钉无法让艾萨克出丑，捣蛋鬼们又想到了新办法。这天，当艾萨克在课桌前坐下时，课桌里忽然跳出了一只大大的牛蛙，艾萨克在庄园里长大，对牛蛙并不害怕，反而将牛蛙抓在手里，将它放回了学校的池塘。

这件事让那群捣蛋鬼恨得牙痒痒，他们见艾萨克虽然呆呆傻傻，也不喜欢说话，胆子却不小，便琢磨着用别的什么办法来捉弄他。

一个下雨的早上，艾萨克和史贝丽撑着一把伞上学，快到学校门口的时候，和那群捣蛋鬼碰面了。

捣蛋鬼们没有放过这个机会，他们迅速地商量了一番，便一齐朝史贝丽的伞下挤去，将艾萨克挤到雨里去了。

这时候史贝丽反应过来了，想躲开这些捣蛋鬼到艾萨克身边去，谁知道这些捣蛋鬼将史贝丽团团围住了朝前走，使得她根本无法挪开步子。

就这样，艾萨克在大雨中被淋了个透，学也上不了，更为严重的是，他还因此患上了感冒。因为这件事，老师狠狠责骂了那几个捣蛋鬼，但那些捣蛋鬼们非但没有认识到自己的错误，反而变本加厉，对艾萨克的恶作剧更是从来没有停止过。所以，艾萨克对待读书的态度渐渐冷漠，他不认为在有捣蛋鬼存在的学校里能学到什么知识。相反，只要他回到克拉克药局，回到自己的房间，拿上药局书房里的一本书，他就可以坐上一下午甚至更长的时间，如果不是因为天黑了需要点蜡烛，估计艾萨克会将吃晚饭这件事都忘得一干二净。

这天，学校放假，外面的天气非常好，不时还有阵阵清风吹过。一大早，史贝丽便起床走出房间。她走到艾萨克的房间门口，轻轻地敲敲门。

不一会，门开了，艾萨克手里拿着一本书，看来他很早就起来看书了。

"艾萨克，"史贝丽微笑着说："今天天气很好，我能邀请您一起去玩吗？"

艾萨克为难地皱起眉头，手上的这本书，才看了个开头呢，他本打算利用今天的时间将它读完。

正当他要拒绝时，史贝丽又说话了："今天外面有风，我们可以去草地上放风筝！"

一听说要放风筝，艾萨克来了兴致。吃完早点，俩人便各自拿了一只风筝，朝郊外宽阔的草地上快步走去。

走到郊外，史贝丽便累得不行，赶紧坐在草地上先休息起来。但艾萨克却一点也不感觉累，他已经开始放风筝了。

"等等我。"史贝丽说着，也站起来开始放风筝。

阵阵清风吹来，风筝很快便飞了上去。俩人兴奋地呼叫起来，心里非常高兴。随着俩人手中的线团越来越小，风筝也渐渐飞得越来越高了。艾萨克忽然说："多希望我能坐在风筝上，看看这世界到底有多大！"

史贝丽无法理解他这句话的含意，笑着说："艾萨克，你别傻了，人怎么可能坐在风筝上呢？"

"他当然会这么想，因为他是个傻子嘛！"忽然，他们的身后响起了这样一个声音。

俩人赶紧回头一看，居然是那几个捣蛋鬼中的杰威尔，他也来到了这里。

史贝丽对他这样的语气非常生气："杰威尔，你不要乱说，艾萨克不是傻子，他不知道有多聪明呢！"

杰威尔听了这句话，嘴里马上发出一阵嘲笑："聪明？你是说艾萨克吗？"他伸出手指着艾萨克，"如果他是聪明人的话，我就是牧师了。"见别人这样羞辱自己的朋友，史贝丽不禁涨红了脸，她激动地说："杰威尔，你再说我就告诉老师去。"杰威尔不以为然地看着史贝丽，脸上浮现出一丝鄙夷的笑容："你敢告诉老师去，我就将这小子的头摁到河里去喝水。"

艾萨克在一旁看着，一句话也没有说。当他听到杰威尔说出这句话的时候，他突然冲上前去，给杰威尔来了重重的一拳。

他们一直欺负着艾萨克，今天艾萨克终于忍不住了。

杰威尔吃了一惊，他根本没有想到艾萨克会向他抡拳头。在他的印象中，艾萨克是一个胆小怕事、懦弱腼腆的人，被欺负也从来不会反抗，或许这也是这群捣蛋鬼为什么老对他恶作剧的原因吧。

艾萨克没有等杰威尔站稳，又上去给了他一拳，这一拳让杰威尔毫无防备，竟然摔倒地上去了，发出"噗"的一声闷响。

这闷响使艾萨克呆住了，趁这个空挡，杰威尔马上爬起来跑远了。

艾萨克渐渐冷静下来，他也没有料到今天自己居然打人啦！对于自己做出这种没有教养的行为，艾萨克感到非常羞愧，他甚至不敢再看史贝丽一眼。然而，史贝丽却在一旁说："艾萨克，你是对的，像这种捣蛋鬼早该受到教训了。"

"你看着吧，"史贝丽接着说："我敢保证，以后再也没人敢欺负你啦！"艾萨克抬起头，露出了微笑。

果然，第二天艾萨克来到学校，书桌和椅子没有发现任何异常，而且在一整天的时间里，那些捣蛋鬼也没有来惹过他。不仅是这一天，从此以后，恶作剧的事再也没有发生在艾萨克身上。

回家的路上，艾萨克对史贝丽说了这件事，史贝丽听了之后，问他："那你现在还害怕学校吗？"

艾萨克心中一愣，他伸手在后脑勺挠了挠：对啊，以后没有捣蛋鬼对我恶作剧了，我应该开始喜欢学校才对啊！

这时，艾萨克的心中充满了自信，他相信自己既然能让捣蛋鬼不再欺负他，那么他也一定能学好学校里老师传授的知识。信心大增的艾萨克仿佛变了一个人似的，整张脸神采飞扬。

克拉克夫人看了，还以为出什么事了！但她永远也不会知道发生了什么事，因为在回家的路上，艾萨克已经恳求史贝丽为他保密，而史贝丽也爽快地答应了。

随着学校附近那条小河边的水车一轮轮地旋转，时间也在一天天地过去。自从上次和杰威尔打架以后，艾萨克开始专心于学校里的学习，聪明的他同样在学校里取得了非常好的成绩。有了这样的好成绩，再也没有人说他是呆子，老师们也开始对他器重起来。不过，闲暇之余，艾萨克会想念自己在家乡做的日晷仪，也会想念慈祥的外婆。

不过他的这种想念不用持续很久了，冬天到了，马上就要过圣诞节了，艾萨克可以回家和外婆一起过节日了。晚饭的时候，克拉克先生从外面扛回来了一棵圣诞树。他将圣诞树放在大厅的中央，然后挂上了许多小礼物，看上去诱人极了。

史贝丽开心地对艾萨克说："今年你就在我们家过圣诞

节吧！"

艾萨克非常感谢史贝丽的好意，但是，他坚定地摇摇头："我要回家和外婆一起过圣诞节。"

史贝丽的脸上有些许的失望，不过马上又不见了，她拉过艾萨克，对他说："如果你走了，我早上一个人去教堂会感到害怕的。"

基督教徒每个礼拜都要去教堂做弥撒，因为冬天夜长昼短，每次早上出门都要摸黑，所以艾萨克和史贝丽通常都是结伴而行。

艾萨克也为难地皱起眉头，如果能解决这个问题就好了。突然，他灵机一动，想到了一个办法。于是，他转过身，朝二楼走去。

史贝丽还期待艾萨克会说些什么的，没想到他居然径直上二楼去了，气得她不由得跺起脚来。

艾萨克回到屋中，在桌前坐下，拿出笔，在纸上画了一个大大的圆形，这个圆形的中间是空的，可以放一根蜡烛进去。他准备做一盏可以提着走的灯！

第二天吃晚饭时，天已经全黑了。艾萨克匆忙地吃完饭，然后对史贝丽说："等会我在门口等你，我们一起出去走走。"

艾萨克还真难得主动发出邀请，虽然史贝丽为了昨天的事还有些生气，但她还是高兴地答应了。说完，艾萨克先离开了餐厅。

等史贝丽也吃完饭来到药局门口时，她看见药局门口的马路边有一点明亮的火光，让她感到奇怪的是，这火光是悬空的。再走近一看，那火光竟然被一个人用一根线牵扯着提在手里，而这个人就是艾萨克。

"这是什么？"史贝丽惊奇地问。

火光照亮了艾萨克的笑容："这是我为你做的灯，以后你独自去做弥撒的时候，就不会害怕黑暗啦！"

史贝丽这时才明白，昨天艾萨克并没有不理会她，相反，他还别出心裁地给自己做了一盏可以将黑夜照亮的明灯。想到自己一直在为这件事生气，史贝丽有些不好意思起来。但她仍旧兴奋地说道："想不到你不但会做水车，还会做提灯啊！"言语之中充满了羡慕和敬佩。

这热情的语调倒让腼腆的艾萨克有些不好意思了，他不禁抬头看看天空，白天时已是乌云密布，这夜晚的天空更是黑沉沉的。

史贝丽说："我们回去吧，看着这黑黑的天空，我就感到害怕。"但艾萨克并不这样想，他开始思考为什么晚上的夜空中，有时可以看见明亮的星星，有时又没有？遮住星光的云是从哪儿来的呢？

"我们回去吧，蜡烛快燃烧完了。"史贝丽又说道。在她的催促下，艾萨克下意识地挪动着脚步跟着史贝丽往前走，但他的脑海里已经被天空、星星、太阳这些东西所占据，所以无论史贝丽跟他说什么，他一个字都没有听进去，只是简单的"嗯、嗯"两声，表示自己已经听见。

回到克拉克药局，艾萨克直接走进了自己的房间，甚至忘记了和史贝丽说晚安。回来的路上，他忽然想到了一个好主意，所以连身边的史贝丽都忘记得一干二净，好在史贝丽已经知道他有这样的习惯，不然两个好朋友又要闹别扭了。

艾萨克想到的好主意是，他要自己做一颗星星，为黑沉沉的夜空送去一点光芒。这个想法他没有和史贝丽说，因为在试验还没有成功之前，他不愿意和别人透露自己的想法。

回到房间，他马上又做了一只提灯，不过这只提灯比送给史贝丽的要小许多，因为这个提灯要依靠风筝飞上天，所以必须很小。

然后艾萨克将摁断的半只蜡烛放在提灯里。接下来的工作就是将提灯绑在风筝上，这个工作可是个细致活，要将线从风筝中间的骨架中穿过去，做这个的时候必须小心翼翼，否则就会将风筝弄烂，那样的话今晚的工作就宣告白费。

终于，艾萨克成功地将线穿好了，然后他将小提灯牢牢地绑在了风筝上。最后一步，就是要找一个空旷的地方，将风筝放飞到天上去。

冬天的北风吹在脸上就像刀子割一样疼。但艾萨克一点也不在乎，他沉醉于自己的世界之中，什么也无法阻碍他。

走出克拉克药局，他来到街角的一块空旷地，将提灯里的蜡烛点燃之后，他便开始放风筝。此时已是深夜，很多人都已经睡着了，街上除了艾萨克，没有旁人，所以艾萨克顺利地将风筝放上了天。

漆黑的夜晚，看不到风筝，只见一点亮光在空中飞舞，看上去就像一颗明亮的星星，让黑夜有了一丝亮光。

艾萨克高兴极了，现在让"星星"飞到天空的怀抱之中去吧！他嘴里默念着这句话，手上却一用力，将牵扯着风筝的线扯断了风筝忽然间失去了控制，在风的作用下，猛然间飞上了云层，虽然艾萨克无法看见风筝，但那亮光可以证明，风筝已经飞上了天空。

令他没有想到的是，他的这个举动引起了整个格兰瑟姆的震动。第二天大清早，克拉克夫人便将门打开了，并对来往的熟人说："昨晚你看见了吗？"熟人们都是一脸的惊恐："看见了，看见了，上帝发怒了，要怪罪格兰瑟姆的人啦！"

站在药局大厅的艾萨克好奇地问史贝丽："他们看见什么啦？这么慌张。"史贝丽凑到他的耳边，小声地说道："昨晚上格兰瑟姆的天空中有彗星飞过，大家都认为一定是格兰瑟姆的人做了什么错事，上帝要怪罪啦！"

当时的科学水平还很不发达，人们对彗星及很多奇异的自然现象还没有科学的认识，加上中世纪的欧洲一直实行的是教皇统治，所以一遇上如彗星这样难以解释的现象，大家都归为是上帝要惩罚人类了。

克拉克夫人慌忙走进来，对药局里的人大声说道："今天我们要一起去教堂祷告，祈求上帝饶恕我们。"说着，她双手合十，说了句"上帝保佑"，才走到大厅后面去做早点了。

彗星！艾萨克隐约觉得有些不对劲，他问史贝丽："昨晚什么时候出现了彗星啊？"

史贝丽想了想，说："应该是我们回来以后，你看，我们在外面的时候都没有看到啊！"

"应该是我睡觉以后，"史贝丽偏着头，仔细地回想了一下，"我也是听我妈妈说的。"

艾萨克心中"咯噔"了一下。他完全明白了，人们将自己风筝上的提灯误以为是彗星啦！

看着街道上来来往往的人群，个个面带焦急，忧心忡忡，艾萨克心里不由得十分难过，看来自己闯下大祸了。他想和克拉克夫人详细地说一下事情的经过，并且真诚地道歉，这样克拉克夫人就不必如此担心了。

但是，不多一会，接他回乌尔索普村过圣诞节的马车已经到了药局门口，他必须马上回去了。于是，他和克拉克夫妇、史贝丽简单地道别之后，便坐上马车，朝庄园奔去了。

发明家

过完圣诞节不久，艾萨克便从乌尔索普村回来了。按照外婆的嘱托，他还给克拉克夫人带来了外婆自己烤制的松仁蛋糕作为礼物。

收到礼物的克拉克夫人看上去非常高兴，于是，艾萨克鼓足勇气，将彗星与提灯的事情说了出来。

其实，心中藏匿这个秘密的艾萨克连圣诞节也没有过好，现在终于对克拉克夫人说了出来，他感觉到浑身一阵轻松。

克拉克夫人听完他说的话，脸色顿时煞白，她将松仁蛋糕放在一边，非常气愤地看着这个孩子："艾萨克，你知道你做了一件多么愚蠢的事情吗？整个格兰瑟姆的人都为之害怕了好几天，到现在还有人在担心哪！"说到这里，艾萨克又有不同的意见了，他之所以觉得愧疚，是因为他之前没有对克拉克夫人说出事情的真相，并不是因为他将提灯放飞到天上这件事本身，所以，他接过克拉克夫人的话说道："即使是真的彗星又怎么样呢？真的会给人带来灾难吗？格兰瑟姆的哪个人能说出到底什么是彗星，彗星又是什么样呢？如何给人带来灾难呢？"艾萨克说出一连串的问题，这次他没有吞吞吐吐，也没有脸红害臊，他看着克拉克夫人，希望能得到回答。

　　但是，这样的问题克拉克夫人怎么会知道答案呢？她只知道现在的艾萨克居然学会了顶嘴，气愤之极的她转身走进了厨房，不再搭理艾萨克。

　　而艾萨克却丝毫没有为此不高兴，他呆呆地站在原地，已经开始思索自己提出来的问题了。当他正想得入神时，忽然听见有人叫着他的名字。他回过神来，抬头一看，是史贝丽。

史贝丽见到艾萨克回来非常高兴，她兴冲冲地从楼上跑下来，手上还捧着一个盒子。

"你手上拿着什么啊？"艾萨克好奇地问。

史贝丽将盖子打开："你看！"

艾萨克凑近一看，里面居然是只小老鼠，而且正啃着玉米棒呢。这只小老鼠非常小，浑身雪白，嘴巴却是红红的，和平常那些黑色的脏老鼠完全不同，非常的可爱。

这时，那小白鼠仿佛察觉到了有陌生人，玉米棒也不啃了，赶紧缩到盒子的一个角落里去了。

艾萨克被它这胆小的行为逗笑了，他伸出手指想要摸摸这小老鼠，可它偏偏不让，在盒子里四处逃窜。艾萨克哈哈笑起来，想要抓住这只小老鼠，小老鼠只好沿着盒壁向上爬。

眼看小老鼠就要跑出来了，史贝丽赶紧将盖子盖上，否则如果小老鼠跑了出来，想要抓到它可不是件容易的事情。

"这小白鼠是哪儿来的？"艾萨克问。

史贝丽微微偏着头说："它有名字的，我给它取了一个名字叫娃莎。"

"娃莎，"艾萨克琢磨着这两个字，"用来给小老鼠做名字还真是恰当。"得到夸奖的史贝丽很高兴，她对艾萨克说："到我房间里来玩吧，我请你吃巧克力。"说着，两个孩子走上楼，来到了史贝丽的房间。

史贝丽将装着娃莎的盒子放到地板上，然后给艾萨克取来了一大块巧克力。

"谢谢，"艾萨克接过巧克力，但他并没有拆开来吃，而是放在了一边，他现在的注意力完全集中在了这只小白鼠身上。

"你从哪儿得到这只小白鼠啊？"艾萨克继续问着这个问题。

"圣诞节的时候隔壁阿姨送给我的，"史贝丽说："娃莎现在和我已经非常熟悉了。"说着，她伸出手指凑到娃莎跟前，娃莎马上用两个前爪勾在了她的手指上，一点也不害怕。但换成是艾萨克就不行了，娃莎害怕得直躲，差一点又要跑出盒子了。艾萨克看着这小白鼠，陷入了沉思。

史贝丽还以为艾萨克不高兴了，忙安慰他："过几天你和娃莎熟了，它就不会害怕了。最开始的几天，娃莎跟我不熟的时候，经常从盒子里跑出来，害得我在房间里到处找，虽说是在冬天，但为了找到它，我出了好多汗呢！"

她并不知道，艾萨克并不是在想这个问题，他思考的是做一个怎样的笼子，让娃莎无法逃出来。

但是，如何才能做一个光线充沛，方便主人喂食，而且又不会让小老鼠跑出来的笼子呢？萨克苦苦思索着这个问题。他想了各种办法，但是做出来的模型都无法令人满意。

当然，这一切都是悄悄进行的，艾萨克想像上次做提灯那样，给史贝丽来一个惊喜。但是，一直到晚上，他还是想不出任何让人满意的办法。

吃完晚饭，艾萨克拒绝了和史贝丽一起去听歌剧的邀请，而是坐在自己的房间中苦苦冥思。

突然，他的视线落在了桌上的一张纸上，纸上画着一架风车的构造图。自从上次成功地制作出水车之后，艾萨克便想自己做一架风车。其实他早就有这种想法了，只是以前太小，还无法理解风车的构造，做出来的模型根本无法被称作风车。

现在艾萨克长大了，而且也制作出了水车，所以从小时候一直藏在心里的梦想要实现了。为了能成功地制作出风车，这次回庄园过圣诞节的时间里，他每天都跑到木匠那里去研究风车，经过数天的努力，他终于画出了这张详细的风车结构图。

他伸手拿过这张纸，想着风车和水车的结构有什么不同，忽然，他脑中灵光一现，有主意啦！他从椅子上一蹦而起，有主意啦，他从水车里找到了灵感。

如果将笼子做成一个橄榄（gǎn lǎn）的模样，四壁用一根根小木棍围住，每两根之间露出一点缝隙，然后两头装上一根转动轴，这样人们可以清楚地看到小老鼠在笼子里的状况，也可以通过木棍之间的缝隙给老鼠喂食，而小老鼠在里面即使跑个不停也只会让笼子无尽地旋转，却怎么也跑不出来。另外，最重要的是，用这样的笼子装着老鼠，小老鼠也能在光明中生活啦！

这个奇思妙想使艾萨克兴奋起来，话不多说，他赶紧摊开纸笔，将自己的构思画成了图画。

第二天一早，他就出门去买来了木材，然后开始在房间里忙碌起来。大概到下午的时候，一个可以转动的笼子就做好了。

　　艾萨克擦擦额头的汗水，满意地笑了。此刻的他能想象得到史贝丽看到这个小笼子时候的表情，应该和自己一样高兴。

　　果然不出他所料，当他将这个笼子放在史贝丽的眼前时，史贝丽几乎惊呆了。这精巧的做工和独特的构造让史贝丽无法想象竟然全部出自一个同龄人之手！她感叹着说："艾萨克，你真是太聪明了，换作是我，长到二十岁也无法做出这么精致的东西来。"

　　艾萨克对这些夸奖的话不太感兴趣，他着急地想把娃莎放进去，看看是否能得到他想象中的效果。

　　"但是，"史贝丽看看这个笼子，不解地说："我们怎么将娃莎放进去呢？"

　　艾萨克微微一笑，这个问题他早就想好了，原来，在笼子的顶部有三根小木棍是活动的，可以拆卸，这是艾萨克为放进小老鼠而专门预留的，将小老鼠放进去之后，再将这三根小木棍装上去就可以了。

　　娃莎突然被换到了一个新的环境，难免要跑动起来，但这只小白鼠发现，虽然它不停地在往前跑，但是怎么也找不到笼子的边缘！

　　而这只笼子，就如艾萨克预期的一样，笼子在娃莎的奔跑下，迅速地转动起来了！"成功了！"艾萨克欢呼道，除非他的发明取得了成功，否则很难见到他这样高兴！

　　史贝丽也为他感到高兴，在一旁鼓起掌来。

　　但是，这样的兴奋只持续了一小会儿，因为艾萨克的心里还装着更重要的事情，那就是他的风车。所以，等史贝丽提着笼子去向克拉克夫妇展示的时候，艾萨克一个人又回到房间里去了。

回到房间的艾萨克继续研究他的风车，他意识到要做一个像木匠家那样大的真正的风车是不实际的，因为那需要很多的木料，而且自己的房间也没有那么高，那么宽。所以，他决定做一个小一点的，但依旧可以转动的风车，就像之前做的水车一样。

吃晚饭的时候，克拉克夫人对艾萨克的气愤已经完全消失了，并且她还夸奖艾萨克给小白鼠做的新家。

艾萨克对这些只是淡淡一笑，这并非是艾萨克对克拉克夫人无礼，而是因为他的脑海中一直在想着风车的事情。

这时，史贝丽对他说："艾萨克，明天我们就要去上学了，你的东西都准备好了吗？"艾萨克一愣，明天要去上学啦？时间过得可真快。他时常沉醉于自己的发明世界，连时间过去了都不知道。

这天，史贝丽实在忍不住自己的好奇，敲开了艾萨克的房门。走进去一看，只见房子里堆满了各种形状的木料，锯子、铁锤、刨子等工具散落一地，还有许多大小不一的铁钉，"你在做什么啊？"史贝丽不禁问。

艾萨克回答说："我要做一架小风车。"

"风车！"这个想法比做一架水车更让人惊讶，史贝丽张大了嘴巴。但是看到艾萨克全神贯注的模样，她觉得他一定能够做出一架风车。但是，史贝丽有一个疑问，"艾萨克，"她说："你能回答我一个问题吗？"

"什么问题？"

"你长大了想做一个木匠吗？"史贝丽问。

　　这个问题还真把艾萨克问倒了，艾萨克从来没有想过自己长大了要做什么。于是，他诚实地对史贝丽摇摇头："我也没有想过长大后要做什么。"

　　史贝丽托起下巴："我看你心灵手巧的，做个木匠应该不错，但是，我又觉得你这么聪明，做个木匠太可惜了。"

　　这一番出自朋友的肺腑之言让艾萨克也感慨良多，他停下手上的活，看着史贝丽说："一切都会由上帝来安排的！"说着，他又埋头继续自己的工作，在他看来，先将风车制作好才是最重要的。

　　经过两个多月的努力，艾萨克终于做好了一架风车模型，说它是模型，是因为它的体积不足真正风车的几十分之一，但它的构造绝对和真正的风车是一样的。

　　快乐的少女史贝丽不禁鼓起掌来，这掌声将克拉克夫妇也吸引过来了。

　　他们走到艾萨克房间一看，眼前这小风车让他们惊呆了，想不到仅是个少年的艾萨克能够做出结构如此复杂的东西。他的这种对事物结构的准确理解，真是连克拉克先生都自叹不如。

　　"既然做出来了，我们赶快将它拿出去吧！"克拉克夫人提议道。

　　这个提议虽好，但是放到哪里比较合适呢？四个人一起想了想，一致认为放到屋顶上最合适，一来不占地方，再者屋顶上风大，可以使风车转动，这样全城的人都可以看到艾萨克的聪明才智啦！

　　主意既定，克拉克先生赶紧搬来一把梯子，将风车放到了屋顶上。

"真是漂亮啊!"克拉克夫人感叹。

但是,四人在屋外等待了许久,那风车都没有转动起来,不知道是内部构造出了问题,还是风车的叶板太小,反正一天过去了,那风车都没有转动起来。

"可能是出了什么问题,艾萨克,你应该再好好检查一下。"克拉克先生建议道。

艾萨克的脸早就红了一大半,他对克拉克先生点点头,赶紧爬上屋顶,把这不会转的风车拿了下来。

艾萨克和史贝丽一起回到房间,艾萨克一句话也没有说,专心对照着构造图检查着风车,完全没有问题啊,而且如果你用手去拨动的话,风车就可以转动起来。

史贝丽找到了原因:"一定是这个风车太小了,一点也不聚风,所以转动不起来。"对,艾萨克同意她的观点。如果,他在脑海中想到,有一只手不停地去拨动这风车就好了,那样的话,风车岂不是就可以持续转动了吗?

但是,如果说要人去不停地拨动风车,那也是不切实际的。那么,应该找一个什么东西来代替人的手呢?

艾萨克环顾房间四周,希望能找到什么东西。忽然,桌上的一张图纸引起了艾萨克的兴趣,那是很久之前艾萨克为小白鼠做笼子的时候画下的图纸。看到这张图纸,小白鼠跑动时带动笼子不停旋转的画面出现在他的脑海之中,笼子转动,风车也转动,他明白了!

兴奋的他对史贝丽说:"这次让娃莎来帮助我们吧!"

史贝丽疑惑地说:"娃莎能帮上什么忙呢?"

　　"一定能，"艾萨克非常自信地说。于是，他们将小白鼠和它的新家一起拿了过来，艾萨克开始仔细地和史贝丽解释他的主意："你看，只要笼子转动的时候，笼子上的小木棍拨动了风车的叶板，就像人的手拨动了叶板一样，可以促使风车转动起来。

　　现在艾萨克需要做的，就是将风车改造一下，让每一个叶板转动之时，都能恰如其分地打在笼子外壁每两根小木棍的缝隙之间，这样的话，笼子的转动就会带动风车，风车不就可以无止境地转动了吗？

　　但是，这个工作可一点也不容易，单是通过试验确定风车上两个叶板之间的距离，就做了无数次的试验，用了大概三个多星期的时间。最终，他确定了这个关键的距离。

　　接下来就是改装风车了，这个是艾萨克的拿手活，不出两天就做好了。一个月后，改装成功的风车又展现在了克拉克夫妇的面前，这次艾萨克充满自信地攀上梯子，又将风车放在了屋顶上。随着笼子越转越快，风车也越转越快，克拉克夫妇不禁看呆了，不理解其中原理的人可能还会以为已经开始吹起了大风呢！

　　当克拉克夫妇看明白了是怎么回事，他们不约而同地鼓起掌来，这真是绝妙的创意啊！这时，街上过往的人们都凑过来看热闹，他们也看到了那旋转的风车，和那只小笼子里的白鼠。

　　"大家快看啊，多么美的景象啊！"人群中不知谁这样喊了一声。从此，艾萨克"发明家"这个称号在格兰瑟姆被人们叫开了。

发明家的新发明

这天早上天还没亮，克拉克药局里便响起了急促的脚步声，史贝丽和艾萨克匆匆走下楼梯，着急着要去教堂做礼拜。

一周一次的礼拜对于基督教徒来说，是非常神圣的日子。史贝丽一边走一边懊恼地说："都怪那个木箱里进了水，将沙子结成了团，堵住了出口，我们才会迟到！"

艾萨克一言不发，脚步却渐渐加快，到后来，他们俩干脆小跑着朝教堂赶去。

到了教堂，大家都已经坐在椅子上了，等待神父的到来。

艾萨克松了一口气："还好没有迟到。"说着，两人在教堂里找了个空位置赶紧坐下，然后和大家一样静静地等待着神父的到来。

做完礼拜后，天已经亮了。艾萨克和史贝丽走出教堂，却还在为今天早上差点迟到的事情烦恼。

"那个木箱老是漏水，时间都不准确了。"史贝丽抱怨说。

艾萨克点点头："是应该换一个了，可是，"接着，他又说出了自己的担忧："格兰瑟姆的沙漏时钟本来就很少，现在克拉克药局想换一个，可没那么容易。"

艾萨克口中所说"沙漏时钟"就是今天导致他们差点迟到的"元凶"。

每天下午，教堂都会敲钟，这时候克拉克药局的人便将沙漏倒过来，等到一个漏斗的沙子完全漏在了另一个漏斗的时候，便是早上该起床的时间了，因为不久后教堂的钟声也

会响起，那是在提醒人们该到教堂做弥撒了。

克拉克药局的这个沙漏时钟已经用了十多年，装沙子的木制外壳已经有些变色发霉。碰巧昨天药局买来一个新柜子，在搬动新柜子的时候不小心将桌上的鱼缸碰碎了。沙漏时钟和鱼缸放在同一个柜子上，免不得被水袭击了一番。史贝丽是第一个发现的，她赶紧拿了一块干毛巾将沙漏时钟的水擦干净了，因为史贝丽知道如果木箱进了水，沙子就会结团，沙子流动的速度就会减慢，这样一来，时间就不准了。

尽管史贝丽做足了工作，但担心的事情还是发生了，还好沙子结团得不是很厉害，时间只是晚了一会儿，不然今天做弥撒迟到，那可坏了大事。

回到药局，史贝丽第一件事便是找到了克拉克夫人："妈妈，那个沙漏时钟已经不能用了，换一个吧。"

克拉克夫人面露难色："沙漏时钟是个稀罕东西，药局这个还是很久以前买的，现在到哪儿去买一个新的呢？"

"那早上去上学因此迟到了怎么办呢？"史贝丽看着妈妈。

这确实是一个重要的问题，但一时半会是不可能换个新沙漏的，克拉克夫人想了想，找出了一个折中的办法："宝贝，妈妈先把里面的沙子换了吧，好歹也可以用一段时间，换新沙漏时钟的事情过一段时间再说！"

只好先这样了，史贝丽无奈地转过身，却不见了艾萨克的影子。

艾萨克早已经回房间去了，自从打败了杰威尔之后，艾萨克不那么讨厌学校了，学习成绩也提高了很多，但艾萨克对学校里的事情总是不那么感兴趣。他最喜欢的事情是在房间看书、画画和制作各种小东西，所以，刚才史贝丽和克拉克夫人讨论沙漏时钟的时候，他便独自上楼，回到了自己的房间。

因为有这样喜爱读书的习惯，仅来到克拉克药局一年多的艾萨克，已经成为药局藏书室的常客。这一年中，他读了包括天文、哲学、建筑、数学方面的种种书籍，虽然年幼的他还不能完全吸收书中的知识，但广泛的阅读使得他的视野更加开阔，思维也更加敏锐。现在他正在读的是柏拉图的《理想国》，刚刚翻过两页，史贝丽便来敲门了。

"嗨，史贝丽，"艾萨克冲她打了个招呼，自己却回到桌子前，继续看书。

史贝丽说："明天我们可能要早起一点。"

艾萨克点点头："因为沙漏时钟吗？"

史贝丽"嗯"了一声，"如果能换一个沙漏时钟该多好啊！"史贝丽可不是今天才烦恼这个沙漏时钟，在艾萨克还没有来到克拉克药局之前，史贝丽就要经常注意这个沙漏时钟，让它不漏水，也不受潮，特别是阴雨季节，史贝丽就更要注意了。

所以，一直以来史贝丽就想要换个沙漏时钟。

忽然，史贝丽看着艾萨克，眼睛里闪现出一丝希望："艾萨克，你能做一个沙

漏时钟吗？”

如果是对另外一个十几岁的少年说出这样的一番话，别人一定会以为是天方夜谭，但对于艾萨克这个小发明家来说，应该是一件可以做到的事情。

这个提议让艾萨克陷入了沉思，虽然小时候在乌尔索普村亲手做过一个日晷仪，但沙漏时钟和日晷仪是完全不同的两种事物。他开始在脑海中分析着沙漏时钟的构造，和它的工作原理，他渐渐发现虽然沙漏时钟的体积不大，但是它的结构一点也不比水车、风车简单，艾萨克逐渐对沙漏时钟产生了强烈的兴趣，他决定要做一只沙漏时钟。

要制作一个东西，首先必须对它的构造十分了解。为了了解沙漏时钟的内部构造，艾萨克在得到了克拉克夫人的允许之后，将药局的这个沙漏时钟的盖子打开了。

通过仔细观察，艾萨克发现沙漏时钟里面有一上一下两个沙斗，这两个沙斗之间有一个小孔，装满沙子的沙斗就通过这个小孔将沙子流入另一个空沙斗。这个装置看上去非常简单，做起来却异常困难。因为你必须保证的是，当沙子从一个沙斗完全流入另一个沙斗之时，正好是教堂钟声响起的那一刻。这是其中一点，还有一点也是最为困难的一点——制作者要在沙斗上标注准确的时间刻度，这个与日晷仪有些许的相似，但又不尽相同。因为日晷仪依靠的是太阳的位置变化，这个是本身具备的条件，无需制作者去试验；但沙斗就不同了，要沙子到达刻度的时间和任何一个沙斗相同，就拿今天的手表来打个比方，制作手表的人需要调制秒针的节奏，使新制的手表和已经在被使用的手表同时到达十二点，这就需要制作者对秒针节奏的正确把握，差一丝一毫都不行，差一点时间就不会精准，那么也就失去了作为手表的意义。

制作沙漏也是这个道理，如果你不能掌握沙子流入到另一个沙斗的节奏，那么你制作的沙斗无法与已经存在的沙斗步伐一致，那么这个沙斗的时间也无法准确，你制作的沙漏时钟就是不合格的。

艾萨克充分地意识到了这一点，所以他仔细地研究了克拉克药局的这个沙漏时钟，并且将需要的材料都一一准备好了。当艾萨克终于将材料准备妥当时，史贝丽也跑过来给他帮忙。

"艾萨克，"史贝丽来到艾萨克房间，问道："今天我们可以开始制作沙漏时钟了吗？"

见艾萨克点点头，史贝丽兴奋地走进来，将准备好的材料一一拿起打量了一番，嘴上不停地说道："有了新的沙漏时钟，外面的木箱也是新的，就再也不怕漏水了，不漏水的话沙子也不会结团，这样时间就准确了，我们也不必害怕迟到了。"

真是说者无意，听者有心，一旁的艾萨克忽然叫住史贝丽："你刚才说什么，木箱漏水？"

对他忽如其来的问题，史贝丽感到奇怪，不过，她还是冲艾萨克点点头。

漏水，艾萨克愣住了，此刻，他的脑海里已经转过了几十道弯。既然这个沙漏时钟存在这些问题，那么我做好一个新的之后，不出几年，还是会出现一样的问题啊！难道到时候又要换一个吗？

　　勤于思考的艾萨克，对待任何问题都比别人要看得远，想得多。能不能做一个不存在这些问题的时钟呢？艾萨克停下了手中的活，仔细思考起来。

　　一旁的史贝丽见艾萨克突然停止了制作沙漏时钟的工作，不由好奇地问："艾萨克，你怎么啦？"

　　艾萨克满脸认真地看看史贝丽，说出一句让她感到不可思议的话："史贝丽，我想我不能做沙漏时钟。"

　　"啊，"史贝丽张大了嘴巴，"为什么呢？"

　　艾萨克的脸上忽然现出一丝微笑："如果今天我做了这个沙漏时钟，那么几年以后，你们又请谁再来做一个沙漏时钟呢？"

　　史贝丽疑惑地看着他，不明白他的意思。

　　"这很容易理解，"艾萨克解释道："你现在看到的关于沙漏时钟的所有缺点，它一直都会存在，所以即使你现在拥有了一个新的沙漏时钟，几年之后，你还是会抱怨同样的问题！"

　　"所以，"他叹了一口气："我不能做沙漏时钟。"

　　"那好吧，"史贝丽明白了他的意思，"那你准备做一个什么样的时钟呢？"她问。

　　虽然艾萨克不想再做一个沙漏时钟，但有什么样的时钟比沙漏时钟更好，这会儿他可想不出。

　　他缓缓地在椅子上坐下，脑海里却在搜索着所有有关时钟的东西。慢慢地他想起来，在他刚到克拉克药局不久，他曾经看过一本书，上面有关于水漏时钟的介绍。

　　水漏时钟，他回味着这个词语，在他的记忆中，书上记载说水漏时钟在很久以前就被人们发明使用，而沙漏时钟则是后来才出现的。

那么，他产生了这样的疑问：会不会是因为沙漏时钟比水漏时钟好，所以才广泛流行开来，而水漏时钟的销声匿迹是因为它有很多缺点？为了得到正确的答案，艾萨克走进药局的书房，开始寻找记录相关资料的书籍。

那本书还是一年前看到的，之后药局的书店经过了几次整理，所以艾萨克找上了好半天也没有找到。

史贝丽在一旁说："如果找不到就算了，按照想象做一个吧！"

艾萨克坚决地摇摇头："如果按想象做一个，精确度是无法达到的。"说完，艾萨克又开始仔细寻找起来。终于，在花费了一番工夫之后，他终于找到了那本书。

翻开书本，上面明确记载了水漏时钟的历史，不过，艾萨克的推断和书中记载的有些不一样，书中说水漏时钟并没有被淘汰，而是与沙漏时钟共同为人们服务。看到这里，艾萨克心中有底了。

"我要做一个水漏时钟。"他对史贝丽说。

水漏时钟，史贝丽琢磨着他的话。而艾萨克已经以最快的速度走出房间，搜集所需要的材料去了。

艾萨克之所以选择水漏时钟，是因为水漏时钟可以避免沙漏时钟存在的缺点，比如漏水、受潮导致沙子结团什么的。水漏时钟的原理大致和沙漏时钟差不多，但又不尽相同。艾萨克对于自己将要制作的新作品，已经有了一个完整而详细的规划。

　　在他的构思里，水漏时钟也分为上下两个槽，两槽相连处有一个小孔，使得其中一槽的水可以流向另外一个水槽。然后，在时钟箱子的表面，要像日晷仪那样刻有时间表，和日晷仪不同的是，这次刻在箱子表面的时间，不再是刻在圆形上面，而是在竖起来的类似长方形的东西上面，并且艾萨克要将这个时间刻度精确到分。最后一步，也就是最重要的一步，艾萨克计划要将刻度表旁边的木板表皮挖空，以透明的玻璃代替，接着在时间刻度的背面，艾萨克要竖起一根长杆子，这个杆子上主要是用来固定一个小小的浮标，使它只能上下而不能左右移动。透过水箱正面的透明玻璃，人们可以清晰的看到这个小浮标。当上面水槽在往下漏水的时候，积聚在下面水槽的水就会使浮标渐渐上升，从而对准相应的时间刻度，这样大家就可以看到准确的时间啦！

　　弄清楚它的工作原理之后，剩下的困难就是，当早上教堂的钟声响起之时，如何让这小浮标也刚好指到六点？这就需要控制水流的速度，以及水量，再者，那个流水的小孔到底要开多大的口子，也是个重要的问题。

　　艾萨克先用估计的办法做了两个水槽，水槽上的小孔也是用估计的办法挖空的，至于时间的刻度，艾萨克决定还是用制作日晷仪时候的办法，看着水一点点上升来确定。

　　这天早上，当史贝丽敲开艾萨克的房门，叫他一起去上学的时候，却发现艾萨克正坐在椅子上对着面前那高高的箱子发呆，而桌上的蜡烛也只剩下了矮矮的一小截。

　　"艾萨克，"史贝丽叫了一声，艾萨克回过头来看看她，眼里布满了血丝。

史贝丽惊讶地说："你昨天晚上没有睡觉吗？"原来，艾萨克为了得到准确的时间刻度，一晚上守在这水箱旁，现在只要等教堂的钟声响起，他就知道自己估计的水箱大小和水孔的宽度是否相当。

不久，教堂的钟声响起，但浮标却还停留在5点30分左右，艾萨克懊恼地拍拍头："水流得太慢了。"

下午放学后，艾萨克赶紧回到了家里，他已经将两个水槽之间流水的小孔挖大了一些，今晚他还要守着时钟的水箱做一次试验。

随着深夜的到来，蜡烛微弱的火光左右忽闪，这一支蜡烛马上就要熄灭，艾萨克赶紧点燃了另外一支。虽然昨晚彻夜未眠，但全神贯注的艾萨克已经将疲惫抛到了九霄云外，他的目光紧紧地注视着浮标的挪动，心无旁骛。

渐渐的，艾萨克划写时间刻度的笔随着浮标来到了5点30，他不禁抬头看看天色，此时正是秋季，天亮得不早不晚，到这时已经有了一丝天亮的迹象。艾萨克心中突突直跳，不知道为什么他显得非常激动。

浮标一点点上升，没过了5点40、5点45、5点50、一分一秒过去了，艾萨克的心渐渐提到了嗓子眼，眼看着浮标已经到达了6的数字，教堂的钟声忽地响彻在了格兰瑟姆的天空！

这钟声也宣告着艾萨克研制水漏时钟的胜利！兴奋之极的他马上意识到了这一点，他不禁在房间中大叫起来："我成功啦！我成功啦！"他这响亮的欢叫声立即引来了克拉克夫妇和史贝丽，见他们都一脸茫然地站在门口，艾萨克立即行了一个礼，指着自己的水漏时钟道："大家请看，现在是早上6点过2分。"

　　6点过2分，克拉克夫人念叨着这个不可思议的数字，要知道以前那个沙漏时钟，甚至连小时都没有办法精确到。她走近水漏时钟，果然清晰地看见透明玻璃后的小浮标正指着六点二分，而且它还在慢慢往上移动，这说明了时间正在一点一点流逝。

　　"真是太不可思议啦！"克拉克先生说道："我要马上将这个水漏时钟放到药局的大厅里去，好让每个来药局的人都能看看现在是几点几分。"说着，激动的克拉克先生和艾萨克一起，将这个水漏时钟抬起来，放在了克拉克药局大厅最显眼的角落。

　　这之后，凡是看到这个水漏时钟的人，无不称赞制作者的奇思妙想，当他们知道这是艾萨克亲手制作的时候，便都邀请艾萨克帮他们也做一个。但是艾萨克哪里有时间呢？他自己要看书，要思考问题，还要上学，剩余的时间他也用来画画什么的。

❋ 第一次物理试验 ❋

　　在格兰瑟姆两年多的时间里，艾萨克依靠自己过人的智慧和对待事物严谨的作风，渐渐赢得了学校里很多同学和老师的喜爱。他的种种小发明制作出来后，大家更是一致认为艾萨克以后一定会成为一个杰出的发明家。

　　不过，面对这种种赞美，艾萨克并不放在心上，药局

还有很多书他都还没有看过，在完成学校功课之后的闲暇时间，他的愿望就是多看一些书。

这天吃过晚饭，艾萨克又一头钻进了自己的房间，最近他迷上了笛卡尔的《指导哲学之原则》，里面的每一句话都让他着迷和回味，只要捧上这本书，他就可以坐上一个晚上。

在书中畅游的艾萨克却不知道，此时药局的大厅里，来了一位女客人。这位女客人衣着简单，面容淳朴，她走到药局里来，却并不买药，而是四处张望。

史贝丽第一个看见她，便问道："夫人，您需要什么？"

这女客人冲她微微一笑："姑娘，艾萨克是住在这里吗？"

听说她是来找艾萨克的，史贝丽不禁多问了一句："您是艾萨克的什么人啊？"

这位女客人笑着说："我是艾萨克的妈妈。"

史贝丽一愣，原来是艾萨克的妈妈来了，她赶紧冲二楼高声喊着："艾萨克，你妈妈来啦。"

这位女客人正是艾萨克的妈妈汉娜，她见史贝丽朝二楼喊去，她也扭头看着二楼的房间，期待着能见到自己的儿子。她们都不知道艾萨克正在房间里专心致志地看书，这会儿天塌下来，或许他都不会察觉。

史贝丽见二楼没有人搭理，不禁觉得奇怪，刚才明明看见他上楼去了，"难道，又出门去啦？"她小声嘀咕着，迈开脚步走上楼去，汉娜也赶紧跟着史贝丽往二楼走去。

门没有关紧，史贝丽推开门，一眼便看见艾萨克坐在桌子前看书。她在门口叫了声："艾萨克，你妈妈来了。"

这时艾萨克才回过头来，脸上露出了疑惑的表情："我妈妈？"话音未落，妈妈那张熟悉的脸便出现在了他面前。

自从妈妈离开庄园之后，艾萨克很少能见到妈妈，尽管如此，艾萨克对妈妈的容貌还是非常熟悉。他站起身来，脸上露出一丝惊喜的表情："妈妈！"

汉娜快步走进房间，和她的儿子紧紧拥抱。接着，汉娜好好打量了一下他的儿子，他身体很好，而且个头也长高了不少。"孩子，你真是长大了啊。"汉娜说着，心里非常高兴。

艾萨克点点头，说："再过一两年，中学就毕业了。"

说到这里，汉娜的脸上露出了些许不自然的表情，不过艾萨克并没有发觉，在和妈妈说话的空当，他还时不时地看看桌上的书。

　　汉娜站起身来，在艾萨克的房间里转了转，只见这墙上贴满了各种各样结构图，虽然她不懂这些，但也能看出这些图非常的精巧。再看看墙壁的一角，堆满了锯子、刨子、铁锤、铁钉等各种工具，有点像一个木匠的房间，但如果你再看看艾萨克的书桌，你就不会有这样的想法了。在书桌上，堆放了厚厚的几本书，都是艾萨克翻阅过的，而在这些书的一旁，则放着些许已经写字的稿纸，汉娜随手拿起一张看看，上面写着：……黑暗中的玫瑰，在悄悄绽放……真理的花朵，永不会被掩埋……

　　汉娜眉头一皱："艾萨克，这是你写的吗？"

　　艾萨克不好意思地点点头。

　　汉娜轻轻地叹了一口气，走到床边坐下，在他的床头仍然是厚薄不一的各种书籍，看来，儿子在这里的生活，完全是由书本堆砌而成的。

　　汉娜心里在犹豫着，要不要对儿子说出自己来的目的，儿子听了，会有什么想法？但一想到庄园，汉娜又不得不说了。

　　"艾萨克，"她叫了儿子一声，艾萨克转过头，看着妈妈："什么事，妈妈？"

　　"妈妈已经回到乌尔索普村了，"汉娜缓缓地说。

　　"什么？"听到这个消息，艾萨克又惊又喜："您真的回到乌尔索普村啦？"但是，片刻之间他又回复了平静，因为他不再是小孩子，他在想一定是发生了什么事情，妈妈才回来的。于是，他问："妈妈，发生了什么事情？"

　　这个问题正问到了汉娜的伤心处，她说："你的继父因为生病去世了，所以妈妈带着你的弟弟和妹妹回来了。"

原来是这样，艾萨克看着妈妈，安慰道："妈妈，别难过，一切都会好起来的。"

汉娜点点头，继续道："艾萨克，你跟我回家去吧，"

"回家？"艾萨克有些不明白。

"对，"汉娜说，"回乌尔索普村去，外婆年纪大了，弟弟妹妹都还小，妈妈一个人忙不过来，所以你跟着妈妈回去吧。"

一时间，艾萨克被妈妈的这个决定惊呆了，中学还没有毕业就回去，岂不是中途放弃学业吗？艾萨克已经习惯了这里，他怎么舍得这里的一切？

汉娜见艾萨克神色不定，知道艾萨克一定不舍得这里，于是她劝说道："艾萨克，你已经快十五岁了，你迟早都要成为庄园主的，现在世道艰难，庄园的日子就更不好过了，所以妈妈才来叫你回去。"说着，汉娜忍不住流下了泪水。

艾萨克见状不由叹了一口气，既然如此，他只好说："好，妈妈，我跟着您回去。"

汉娜听了这句话，一颗悬着的心终于落地了。她擦干眼泪，对艾萨克说："你真是个好孩子，回去吧，这里不属于你。"

这一夜，艾萨克彻夜难眠。第二天一早，艾萨克便将自己要回去的事情跟克拉克夫妇说了。克拉克夫人正在准备早餐，忽然听见这个消息，她不禁愣住了："艾萨克，你为什么要回去？"

艾萨克简单地将事情和克拉克夫人说了一遍，并告诉她自己要回去帮着妈妈干活，这样才能养活外婆、弟弟妹妹还有自己。

这么一个聪明的孩子居然要中途停止学业回家务农，克拉克夫妇都觉得太可惜了。

匆匆吃了早点，艾萨克又赶到学校，将这个消息和老师说了一声，然后他便准备回药局收拾行李回家了。

听说这件事后，最伤心的人就数史贝丽了。两年多以来，他们已经成为最好的朋友，现在艾萨克说走就要走了，史贝丽除了伤心之外，还有一点无法接受。

临上马车之时，克拉克夫妇与史贝丽都来和艾萨克道别。

艾萨克对克拉克夫人说："夫人，我以后还能来药局借书吗？"这孩子，就是喜欢读书，克拉克夫人笑着说："欢迎你常来，艾萨克。"

听到克拉克夫人的回答，艾萨克才放心了，他朝几人挥挥手："再见。"说着，马车已经朝前奔跑起来。

艾萨克忍不住回头，却见史贝丽已经哭了。

回到家，艾萨克见到了素未谋面的弟弟和妹妹，而外婆仿佛比圣诞节那时候更加苍老了。

艾萨克回到了自己的房间，开始收拾行李。其实他也没有多少行李，除了几件换洗的衣服，就是他的工具和几本从克拉克药局借来的书。

他把这些东西全都倒在桌子上，心里忽然有一种莫名其妙的失落感。但片刻后他又振作起来，即使回到了庄园又怎么样？他对自己说，我还是可以继续读书，学习不一定要在学校里，思考和研究问题也不一定要在克拉克药局的房间里。

想到这里，他的心中又开始充满了力量。

收拾好行李之后，外婆已经将晚饭准备好了。大半年没有见到艾萨克的外婆，今天非常高兴，特地做了很多艾萨克爱吃的菜，但她总感觉艾萨克有些心不在焉，她不禁问："菜不好吃吗？"

艾萨克摇摇头，眼神依然呆呆的。

外婆不知道，艾萨克正在为书本上一个令人费解的问题烦恼呢！

汉娜看出了他的心思，说道："艾萨克，明天早上要早起，地里的活汉姆一个人做不完。"

汉姆是汉娜从丈夫家里带过来的仆人，要晚一点才过来，所以艾萨克还没有见过。不过艾萨克并不关心汉姆是谁，他的整个脑袋都在和笛卡尔的思想打交道，这会儿听妈妈说明天要早起，他便点头说："知道了，要早起。"然而转过身回到自己的房间，捧着一本书看到了大半夜。

不知过了多久，但如果用水漏时钟来计算的话，应该还没有到5点，汉娜便来敲门了。

"艾萨克，快起床，时间不早啦！"汉娜在门口喊着。

艾萨克迷迷糊糊地从床上爬起来，他还以为是史贝丽叫他去教堂，当回过神来之后，他才发觉自己已经回到了乌尔索普村的家中，而妈妈叫他起床是要他去地里干活。打了个哈欠，艾萨克便拿着锄头和汉姆朝地里走去。

"汉姆，"艾萨克问，"今天我们到地里去种什么？"

汉姆回答说："少爷，我们今天主要是给地里的小麦灌溉，今年夏天特别热，土地都干了，所以我们要从小河边挖一条小渠，让河水流入田地。"艾萨克听了不禁点头："这确实是个好主意。"

◎英尺：英尺是使用于英国、其前殖民地和英联邦国家的长度单位。美国等国家也使用它。

但是，这个好主意做起来就不那么容易了，小河离艾萨克家的田地大约三百英尺，难怪妈妈要艾萨克来帮忙。

艾萨克和汉姆先确定了路线，然后各自从一头开始挖渠，艾萨克从田地开始挖，而汉姆就从小河边开始挖。

夏日清晨难得的凉爽过后，阵阵炎热扑面袭来。大约到了中午时分，艾萨克感觉口干舌燥，腰酸背疼，再也支持不住了。

正好这时妈妈送午饭来了，两人便靠在大树下吃饭，休息。汉娜查看了一下工程的进度，却见艾萨克挖的长度还不及汉姆的一半，她不由得想数落儿子一番，但回头见艾萨克那苍白的面色，她又忍住了，只是叹气道："孩子，如果不努力工作……家里有那么多人还等着呢！"艾萨克是个既要强又聪明的孩子，他明白了妈妈的意思，但内敛的他什么话也没有说。

休息了一阵之后，两人继续工作。艾萨克使劲地挥舞着锄头，拼命地工作着，直到手上磨出了几个大血泡不能拿锄头为止。

汉姆跑过来，劝他说："少爷，你去休息一下吧。"

艾萨克摇摇头，咬牙继续工作，长这么大他从来没有如此累过，回到家连晚饭也吃不下就睡着了，他也从来没有像今天这样体会到生活的艰辛。

他感觉自己已经成为一个真正的庄园主，一个真正的农夫。但是，这位农夫却依旧没有离开过书本，生活的艰辛也没有让他放弃书本。半夜，艾萨克被饿醒了，躺在床上的他忽然想到了关于力的问题，想到了伽利略那个著名的铁球试验，他琢磨着其中的玄妙，不但忘记了肚子饿，而且连睡觉也忘记了。后来，他干脆点燃了蜡烛，一直看书到天亮。经过几天的努力，水渠终于挖好了。

◎铁球试验：公元1590年，伽利略在比萨斜塔上做了"两个铁球同时落地"的著名实验，从此推翻了亚里士多德"物体下落速度和重量成比例"的学说，纠正了这个持续了1900年之久的错误结论。

艾萨克也渐渐适应了庄园的生活。早上，艾萨克很早起来喂牛，放马，然后和汉姆一起去田间劳作，他们种植了土豆、豌豆、玉米等等农作物。真正属于艾萨克的私人时间只有晚饭后，每天晚饭后他就待在房中看书思考。

但渐渐地，这种爱好难免会影响到白天的劳作，有时候在地里干活累了，他们便有十几分钟的休息时间；艾萨克不想呆呆地看着田野天空将这时间给浪费掉，于是他每天从家里出来的时候，总要偷偷地带上一本书，先藏在午后乘凉的大树下，等休息的时候便拿出来看看。

就因为如此，艾萨克经常沉醉于书本之中难以自拔，忘记了去田间劳动这件事。不过汉姆是个忠实的仆人，他从来不催促少爷干活，对于汉娜，也一字未提。

虽然每次发生这样的事情之后，艾萨克总要为自己的坏记性向汉姆道歉，不过等下次再接触到书本，他还是会将身边的一切都忘得一干二净。渐渐地，汉姆也觉得，自己的少爷真是个可爱的书呆子。

时间就这样在水漏时钟的滴漏声中悄无声息地过去了，艾萨克一天天长大，脑海中的知识也越来越多，但是，随着弟弟妹妹的长大，外婆和妈妈一天天的衰老，他肩膀上的担子也越来越重了。

这天，艾萨克正和妈妈、汉姆在田间收麦子，本来晴朗的天空忽然吹来一阵狂风，接着乌云便渐渐布满天空。

妈妈担心地叫起来："快，快，等会下起雨来，麦子就全完了。"艾萨克一听，赶紧先用拖东西的马车将已经收好的一部分麦子运回家中的仓库，然后又匆忙地跑回来，继续和妈妈、汉姆一起收割麦子。

风越吹越大，乌云伴随着滚滚雷声，覆盖了整块明亮的天空。艾萨克不经意地抬头一望，不远的山坡处已是灰蒙蒙的一片，让人看不清那是狂风卷起的沙尘，还是倾盆大雨已然落下，他心中焦急，只有加快收割的节奏。终于，在他们三人的努力之下，在大雨来临之前，所有的麦子都被安全地运到了仓库之中。

因为连续几个小时超快节奏的工作，三个人都有些虚脱，坐在家中的椅子上动弹不得。

窗外肆虐的狂风，将小树的腰都吹弯了，而那些大树的叶子，也纷纷飘落。不一会儿，豆大的雨滴便打在了窗台

上，噼噼啪啪，犹如放鞭炮一般。

汉娜正在庆幸小麦已经收完，忽然旁边的艾萨克突地站起身来，还没等汉娜反应过来，他已经冲出了家门。

汉姆不知道发生了什么事，连忙跟在后面喊，想问问少爷怎么啦。

艾萨克却没有理会他，只顾往前奔跑，狂风将他的衣裳吹乱，大雨将他全身淋了个透，但丝毫没有阻止他的脚步，他一口气跑到了山坡上风最大的地方。

"好了，现在让我来试一试吧！"艾萨克自言自语地说了这句话之后，便开始迎风站立。这风还真是大啊，差一点他就没有站住，但在他的努力下，最终他还是站住了。

"跳！"他的口中蹦出这样一个字，然后纵身朝前一跳！因为风的阻力，他并没有跳出多远。

他赶紧从地上拾起一根树枝在他起跳和落下的两地划上两个深深的记号。接着，他又背风而立，这背风而立也不是件容易的事，狂风犹如一只大力士的手，要推着他前进，艾萨克同样费了足够大的力气才站定了，站定后，他又纵身朝前一跳。

因为有狂风帮忙的缘故，这一跳可比刚才那一跳远多了。艾萨克赶紧拾起树枝，又在起跳和落下的两地做了重重的记号。然后，他飞也似的朝家奔去。

家里人一直看着他这怪异的行为，外婆更是被吓得脸色苍白，她以为艾萨克一定是中邪了，否则谁会在这样恶劣的天气跑出家门，而且在外面跳来跳去？

等艾萨克跑回家中，汉娜赶紧迎上去，问道："艾萨克，你在做什么？你不要命了吗？"

艾萨克没有回答妈妈的问话，只是径直跑进了自己的房间，找出以前在格兰瑟姆买下的卷尺，然后，他又跑出了门。

他的动作极快，家里人都还没有完全反应过来，他却又出现在了刚才那个风最大的地方。他又扯开卷尺，将做上记号的两段距离量了一下。他本想再这样跳跃两次，然后再回家，但严谨的他害怕因为自己的记忆力有偏差而忘记每一次的数据，所以他干脆先跑回家将这次的数据记下之后，才又回到了这里。

风仍在继续狂乱地吹着，雨也越下越大。此时的艾萨克连头发都可以挤出水来了，但他丝毫不以为意，继续着自己的跳跃。他依照刚才那样分别迎风、背风再跳过两次之后，又量下了数据，然后再跑回家记录。

汉娜虽然看不懂他在做什么，但也拦不住他，只好由着他再跑出去完成第三次跳跃。

他的怪异行为被左右邻居看在眼里。大家都觉得奇怪：不是说艾萨克在格兰瑟姆中学的成绩很不错吗？那证明他不是个呆子，可为什么今天他却像发了疯一样呢？

其实他们都不明白，艾萨克这一段时间正陷入对"力"这个问题的研究，他之所以要这么做，是因为他想测出风的速度。他简单地认为把顺风跳跃的距离与逆风跳跃的距离相比较，就可以得到风的速度，虽然后来不久他也意识到自己这个方法存在不科学的地方，但无论如何，这位乌尔索普村的农夫坚定地完成了他的第一次物理试验！

继续求学

艾萨克的疯狂举动在村子里被议论了好些天，有的人甚至认为艾萨克发现了金子。艾萨克听到这些议论，往往一笑了之，在乌尔索普村，有几人能理解他呢？

不过，令艾萨克想不到的是，这件事经过村民们的议论，居然传到了牧师舅舅的耳朵里。为此，牧师舅舅还特意来到了家里。

牧师舅舅大清早便来到乌尔索普村，此时的艾萨克正帮助妈妈在给奶牛挤奶。这只奶牛非常地调皮，艾萨克抓住了它的两只脚，它还是要晃来晃去，让牛奶洒得到处都是。

牧师舅舅看见了，便帮忙将这只奶牛的前脚也抓住了，这下调皮的奶牛便无法动弹，汉娜才顺利地将牛奶挤完了。

汉娜擦擦额头的汗水，对哥哥说道："谢谢！"

牧师舅舅笑着拍拍艾萨克的头："想不到艾萨克也能帮家里做这么多的事情了！"

艾萨克不好意思地低下头，不过他非常愿意和牧师舅舅待在一起。

两人跟随汉娜走到厨房里坐

下，闻着烤炉里面包的香味，艾萨克顿时觉得精神大振。

"艾萨克，"牧师舅舅叫了他一声，问道："能跟我说说那件事吗？"

"什么事？"艾萨克不解地看着舅舅。

"在大风大雨中跳跃的事？"牧师舅舅说："跟我说说为什么要那么做？"

汉娜在一旁听到哥哥的问话，也竖起耳朵听起来，因为她一直也想知道，上次儿子为什么要做出如此疯狂的事情。

面对亲切的牧师舅舅，艾萨克也想将心中的话一吐为快，加上他也知道舅舅是读过大学的，那么应该会理解自己的想法吧。这样想着，艾萨克便说道："舅舅，我想测试一下风的速度，所以才在大风中跳跃！"

风的速度？汉娜彻底不明白了，她干脆转过身，看着艾萨克。

牧师舅舅对这句话也不能完全理解，"风的速度？"他问。

艾萨克点点头，将自己的想法跟舅舅仔细地说了出来，虽然现在的艾萨克也觉得用这个方法来测试风的速度并不是完全科学，但他还是将自己当时的想法对牧师舅舅说了。

牧师舅舅耐心地听完了艾萨克的讲解，脸上露出微笑："原来是这么回事，看来艾萨克非常会思考问题啊！"他夸奖道。

但是他身边的汉娜却没有这么开明，她完全没有想到，儿子那样疯狂的行为居然是为了得到一个和生活根本毫无关联的东西。对此，汉娜非常不以为然，而且对艾萨克也感到非常的伤心。

　　吃完早点，牧师舅舅便离开了，而艾萨克因为有人理解自己，也感到非常高兴。

　　等牧师舅舅走了之后，汉娜才对艾萨克说："孩子，你知道目前你最需要面对的是什么吗？"汉娜的语气充满责怪，艾萨克一句话也说不出来。"好好工作，"汉娜强调着这句话，"不要再想着皇家中学的事情了！"

　　对于妈妈的责骂，艾萨克完全接受。不过，妈妈始终都不会明白，虽然他时常会想念在皇家中学度过的时间，但这并代表他还想着回到皇家中学去。因为艾萨克已经懂事，知道家里确实离不开他。

　　麦子收割完之后，今年地里的活就不多了。为了能多攒些钱，汉娜决定让艾萨克和汉姆赶着家里的马车去集市上卖水果。以前外婆也做过这样的营生，所以一切准备起来，非常方便。

　　对于卖水果这样的事情，艾萨克从小就做不来。因为性格内敛的他，见到陌生人就说不出话来。但汉娜要照顾家里的弟弟妹妹，不能经常去集市，而汉姆一个人也忙不过来，所以只好叫艾萨克去了。再者，汉娜也想借这个机会让艾萨克好好改一改这个害羞的性格，如果要做好一个庄园主，太害羞了可不行。

　　当一切都准备好之后，艾萨克和汉姆在大清早就赶着马车到集市去了。到了集市之后，两人找了个显眼的地方，将水果一层层堆放起来，集市上的人也渐渐多了起来。

　　有人走到水果摊前，冲艾萨克道："你这水果多少钱一斤？"艾萨克心中有些紧张，不知道为什么，想说出口的话在舌头里打转，就是说不出来。

在一旁堆放水果的汉姆赶紧回答："1先令一斤，先生。"

"那给我来一斤吧。"那人说。汉姆赶紧拿过秤，给这位先生称了一斤，短短几分钟，汉姆便做成了今天的第一笔生意。

等客人走后，艾萨克羞愧地看着汉姆：

> ◎先令：先令是一种金币，起源非常早，可以追溯到罗马帝国时代的苏勒德斯币，便士是小额银币，在中世纪，它的名字第纳尔、德涅尔或许更为人熟知。英国最早使用先令，一英镑等于12先令，公元1971年英国货币改革时被废除。

"谢谢你，汉姆，如果不是你在，我都不知道该怎么办才好！"

汉姆不以为意："少爷，你第一次来所以才这样，以后来的次数多了，你就不会害怕了。"说着，汉姆又开始冲来往的人群吆喝起来："大家快来买啊，新鲜的水果，便宜又实惠啊！"他喊了一阵，又扭过头对艾萨克说："少爷，你也站起来喊啊，这样才卖得快！"

艾萨克为难地看了汉姆一眼，他实在无法对着人群吆喝，于是，他冲汉姆摇摇头。汉姆也不勉强他，自己继续吆喝起来。

被他这一吆喝，大家的注意力都被吸引过来了，水果摊前顿时来了很多客人，汉姆一边忙着给客人们称水果，一边对艾萨克说："少爷，快，给要买水果的人递个纸袋！"

艾萨克答应了一声，赶紧给他打下手。

　　这一拨客人走后，艾萨克胸前的钱袋子着实重了许多，汉姆高兴地说："少爷你看，照这样的速度，我们会很快将这些水果都换成钱的。"

　　艾萨克对这些一点也提不起兴趣，在这短暂的空闲里，力学、逻辑、太阳、地球等科学问题又跑到自己脑海里畅游来了，他呆呆地看着集市上过往的人群，脑海里却铺开了一片属于自己的天空，这天空里包括了各类科学家的学说，各种科学研究的结果，更有趣的还有行星等天体知识，这些都让艾萨克深陷其中。在一旁忙得团团转的汉姆叫了他几次，他都没有听见。最后，汉姆只好推推他，让他从幻想中醒了过来："少爷，快给我帮帮忙！"艾萨克回过神来才发现水果摊前又已经站满了人，他轻轻地叹了一口气，继续给汉姆帮起忙来。

　　好不容易捱到下午，水果差不多都卖完了，两人准备收摊回家了。这时，汉姆不由好奇地问："少爷，你刚才都在想些什么啊？"

　　艾萨克一愣，脸上顿时红扑扑的，他冲汉姆呵呵一笑，什么也不说。汉姆知道他的心思："少爷，如果您喜欢读书的话，就和夫人说说吧。"

　　艾萨克一听，赶紧摇手道："你千万不能告诉我妈妈，她会生气也会伤心的。"说着，艾萨克叹了一口气："庄园里需要我辛勤的劳作！"这句话也是实情，汉姆也不说话了。

　　看着两人赶着空马车回家，汉娜非常高兴，她接过艾萨克递过来的钱袋，说道："看来卖水果还真挺赚钱的，过几天你们俩再去。"

艾萨克心中一沉，无奈地走进了自己的房间。

桌上这本欧几里德的《几何原本》翻过两页之后，就一直没有时间继续读下去，艾萨克正准备往下读，却听见妈妈在外面喊着："艾萨克，来帮忙搬葡萄。"

原来，今天妈妈和外婆在葡萄园里忙碌了一天，摘下了许多葡萄，一直等着艾萨克和汉姆回来再把它们搬到仓库里去。

艾萨克赶紧放下手中的书，朝葡萄园走去。

搬完葡萄，天已经黑透了，银白色的月光安静地洒在乌尔索普村的每一个角落。一阵微风吹来，使得艾萨克得到了全身心的放松，他的目光马上被月球所吸引了。

月球离我有多远的距离呢？他想着，月球有多大，外表是什么模样，是否就像我看到的这样，发着淡黄色的光？

他站在院子当中，心却已经飞到了月球之上，他多想看看啊！但如何才能看到呢？他的脑海里浮现出了一个工具的名称：望远镜！

在皇家中学时候，他曾经听老师说过，望远镜可以看到地球之外距离遥远的物体，比如说星星、月亮，而且星星和月亮本身的模样并不是他们现在看到的这样！

那到底是什么样呢？艾萨克真是迫不及待地想要看一看。

但是，哪里才会有望远镜呢？艾萨克明白，他不能再像小时候那样，向外婆要求一把锯子、一个刨子那样去要求一个望远镜了。况且，望远镜可不像锯子之类的东西满集市上都有。要想使用望远镜，还得自己想办法。

他想到克拉克药局，克拉克先生在格兰瑟姆是有声望的人，他应该知道哪里会有望远镜。

主意已定，下次再去集市上卖水果的时候，艾萨克便恳求汉姆一个人去集市，让他去找克拉克先生。

汉姆为难地看着他的少爷，但思考片刻之后，这位忠心的仆人终于答应了艾萨克的提议。但是，为了保证艾萨克的安全，汉姆要求他找过克拉克先生之后，必须去集市找他，然后一起回家。

艾萨克答应了。和汉姆一起到达集市之后，他便朝克拉克药局赶去。

非常凑巧，史贝丽也在药局里。艾萨克的到来让她非常高兴，两个好朋友说了一会儿话之后，艾萨克便说明了自己的来意。

史贝丽想了想："药局里没有望远镜，不过皇家中学的校长那里有啊，我们去皇家中学吧！"

艾萨克高兴地点点头。

两人来到皇家中学，回到昔日自己读书学习的地方，艾萨克不禁感慨良多。艾萨克和史贝丽来到了校长办公室，不过让他们失望的是，星期天校长并不在办公室内。

如果今天不能找到校长，那艾萨克不知道什么时候才有机会再来。看着艾萨克难过的样子，史贝丽也不好受，忽然她想起来，校长有个习惯，每个星期天下午都会来学校，给下一个星期学校要做的事情列一个提纲。校长这种严谨的工作作风学校里很多同学和老师都知道，以前艾萨克在这里读书的时候，也听说过。

"那我们在这里等等吧！"艾萨克说。

史贝丽点点头。于是两人坐在校长办公室前的台阶上开始等待校长，这一段时间里史贝丽说了很多学校里的趣事，不过只有她一个人在说，艾萨克一来不善言辞，二来他心中想着天文望远镜的事情，对史贝丽说的话不是很在意。到后来史贝丽也说得累了，两人便静静地坐着，看着天色一点点暗下来，却始终没有看见校长的身影。

或许校长今天有什么事情不会来了。艾萨克却不这样想，他一定要等到校长来。

没过多久，他们果然看见两个人影朝这边走来，他们高兴地站起来一看，艾萨克却吃了一惊，来的人根本不是校长，而是汉姆和牧师舅舅！

汉姆走上来，焦急地说："少爷，总算找到你啦，可把我急坏了！"

艾萨克奇怪地说："汉姆，你怎么来啦？"

汉姆抬头看看天空："少爷，天快黑了，我们赶紧回家吧，不然夫人会担心的。"原来，汉姆将水果卖完了之后，在集市上等了很久，都没有见艾萨克回来。他害怕艾萨克出什么事，赶紧跑去找到了他的牧师舅舅，听汉姆说他去了克拉克药局，两人便到药局去找，一看史贝丽也还没有回来，便找到学校来了。

"快回去吧，"牧师舅舅温和地说："否则你妈妈会担心的。"艾萨克还是不愿意："我想等校长来。"牧师舅舅微笑着说："校长出远门了，好几天都不会回来。"

原来是这样，难怪他们等了一天都没有等到校长。无奈，艾萨克只好走出了学校。

路上，牧师舅舅问他为什么要找校长，是不是想再回学校读书？

艾萨克摇摇头，将找校长借望远镜看月亮、星星的事情和舅舅说了。舅舅听后，并没有责怪他，只是摸摸他的头，送他上了马车。

艾萨克回过头来，和舅舅告别，却见舅舅眉头深锁，仿佛陷入了沉思。

既然借不到望远镜，艾萨克便从书中来获取关于月亮、星星的知识。随着对书籍深入地阅读，艾萨克对这些天上的事物渐渐有了一个大概的了解，而这些了解又促使他想要阅读更多的书籍。所以，他抓紧了一切闲暇的时间看书，他希望自己能做好妈妈吩咐的事，同时也可以看看书。但是，艾萨克的认真劲儿是出了名的，因此还耽误了不少事。

转眼间，妈妈又准备好了一车水果，让艾萨克和汉姆去集市上卖。艾萨克从内心里拒绝这件事，但又不敢对妈妈说出来。无奈，他想出了这样一个办法，当马车驶出乌尔索普村后，艾萨克便央求汉姆一个人去集市，而他自己则留在这儿看书。

汉姆每次都因为这个少爷的主意而大吃一惊，但是他不忍心拒绝。于是他们约定艾萨克就在这里看书，等汉姆卖完水果回来，他们便一起回家。

这条路是乌尔索普村到达集市的必经之路，所以不时有来往的马车经过。但艾萨克已经完全沉醉在书本所描述的奇妙世界中，对于这条路上发生的任何事情都没有察觉。

下午，汉姆赶着马车回来了，便载上艾萨克一起回家去。途中，汉姆兴奋地说："少爷，今天的水果真好卖，你要是去了，你也会感到很高兴的。"

"是吗？"艾萨克简单地回答了一句，心里却在琢磨着书里的语句。俩人回到家，却发现牧师舅舅也来了。

艾萨克冲舅舅问了好，便回到房间里继续看书去了。

吃晚饭的时候，牧师舅舅忽然问道："艾萨克，今天水果生意怎么样啊？"艾萨克想起来汉姆说的话，便回答："今天买水果的人很多，水果很快就卖完了。"

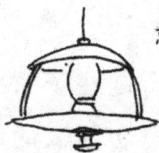

坐在一旁数过钱袋的汉娜也点点头："对，今天水果确实卖得很好！"

舅舅微微笑了一下，没有再说话。

倒是一旁的汉姆，仿佛察觉到了什么，不禁看了看牧师。他心中猜想今天牧师在来村里的路上，是不是看到了艾萨克。想到这里，他不禁一阵紧张。

汉姆的猜测没有错，在艾萨克专心读书的时候，他没有发现在来往的马车中，舅

舅就置身于其中一辆。本来舅舅还奇怪为什么艾萨克会来到村子外的路上看书，但当他到了庄园后，他就完全明白了：艾萨克本来是被派出去卖水果，结果却躲在树下看书。

艾萨克痴心于学习的劲头舅舅早已经见识，虽然他今天的行为完全可以说是撒谎，但舅舅还是没有直接戳穿他，他想的是如何能根本解决这个问题。

想来想去，唯一能解决这个问题的办法是，让艾萨克重新去读书，读中学，上大学。

于是，他走进了汉娜的房间，开始认真地和她商量这件事情。

作为母亲，汉娜何尝不了解自己的孩子，但如果让艾萨克去读书，庄园里该怎么办？这是她最担心的问题。

面对汉娜担心的问题，牧师也束手无策，但是他还是坚持着自己的意见："应该让他去读书，难道你还看不出来，艾萨克是非常喜好学习的！"

接着，他将自己知道的事情全告诉了汉娜，包括上次去校长那借望远镜的事情和今天他看到的。

汉娜吃惊地张大了嘴巴。不过她也意识到，这样将孩子继续留在庄园，是不可能将他培养成真正的农夫的。

想到这一点，汉娜痛苦地用手掩住了脸庞。

牧师上前拍拍她的肩膀："上帝已经安排好了一切，对于未来的生活，你也不必太担心了。"

或许是提到了上帝，这个女人忽然有了力量，她抖动着发白的嘴唇，说道："那好吧，还是让他回到格兰瑟姆去读书吧！"

第四章

求学岁月

✳剑桥大学的新生✳

重新回到格兰瑟姆的艾萨克精神焕发。从他再次踏入皇家中学的那一刻起，他比平时更加珍惜时间了。

他也依旧住在克拉克药局，但是药局里的人都说艾萨克变了，变得比以前更加沉默寡言，有时候一天也见不到他的人影，因为他总是在自己的房间里看书学习，甚至忘记了吃饭。这时候，史贝丽这个好朋友就会将餐点送到他的房间，安静地摆在桌子上，然后快速退出来。因为她知道，艾萨克看书的时候，不喜欢别人打扰。

艾萨克心里，永远也无法忘记从乌尔索普村出发的那天，牧师舅舅和他说过的话。

那天早晨下着濛濛细雨，外婆在房间里为他向上帝祈祷，而妈妈则为他收拾行李。

坐上马车后，舅舅也来到了他的身边。他对艾萨克说："艾萨克，能回去重新读书，你觉得高兴吗？"

艾萨克诚实地点点头。

舅舅微笑着继续说："那从皇家中学毕业后，你还想继续读书吗？"

艾萨克也诚实地点点头。

舅舅伸手拍拍他的肩膀："那就要加油啊，艾萨克，从中学毕业后就继续去读大学，不然可就辜负了妈妈和舅舅的一片苦心啊！"

艾萨克看着舅舅，他也很想读大学，但是，以前在格兰瑟姆的时候他听别人说过，读大学是需要很多钱的。他抬起头，对舅舅说出了自己的担忧："舅舅，我能去读大学吗？读大学是需要很多钱的！"

"这个你不必担心，"舅舅说："如果你能去剑桥大学读书，那个地方有工读生制度，你自己可以赚钱来读书。"

原来还可以这样，艾萨克心里的石头落地了。从此，剑桥大学就成为了他的目标，虽然他也不知道要读多少书才能进入剑桥大学，但是他知道要使自己足够的优秀，用优异的成绩让皇家中学的校长推荐自己去剑桥大学读书，那样的话美梦就可以成真了。

抱着这个梦想，艾萨克在最后这一年的中学学习阶段，忘我地在书籍的海洋中遨游，勤奋地在知识的城堡里寻找。终于，皇天不负苦心人，公元1661年，在皇家中学校长的推荐下，艾萨克成为了剑桥大学的一名新生。

消息传来，所有的人都为他感到高兴，克拉克药局的人，家乡的外婆、舅舅、妈妈和弟弟妹妹，还有那个忠心的仆人汉姆。而整个乌尔索普村的村民都感到震惊，他们没有想到小时候被人称为"傻瓜""呆子"的人居然能够进入剑桥大学读书，真是太令人不可思议了。

入学的时间是7月，正是夏天最炎热的季节。从家里出发的时候，妈妈还担心艾萨克一个人去剑桥，会不会迷路，艾萨克却拍拍胸脯说："妈妈，我已经十六岁了，是个大人啦！"

汉娜欣慰地笑了，从剑桥大学毕业，至少可以像他舅舅一样，做一个牧师。

　　顶着炎炎夏日，艾萨克出发了。

　　几经周折，他终于来到了剑桥，站在并不宽广但车来人往的马路上，艾萨克有些迷失了方向，哪里才是剑桥大学呢？正当站在马路边举足无措的时候，一辆马车停在了他面前，马夫冲他挥挥手："先生，搭车吗？"

　　艾萨克第一次被人称呼为先生，感觉有点不自在。

　　"你要到哪儿去？"那马夫又问。

　　"剑桥大学，"艾萨克这次回答了他，"三一学院。"他又补充道。

　　"好，上车吧，我送你去，"马夫指了指自己的马车，"一个先令，怎么样？"

　　虽然艾萨克觉得有点贵，但还是上了这辆马车。

　　马车大约走了二十分钟便停下来，"到了。"马夫伸出手，要艾萨克给钱。

　　艾萨克还不习惯这样的交易方式，赶紧从兜里掏出一个先令，放在了马夫的手中。

马夫将铜板放进自己的上衣口袋，然后吹了一声口哨，便离开了。

看马车渐渐走远，艾萨克突地回过神来，剑桥大学在哪里呢？他该不会是被这个马夫给骗了吧！提着行李，他赶紧四处找找，不久，一座类似古堡的建筑出现他的眼前。只见这建筑周围绿草茵茵，旁边还有一条清澈的小溪缓缓流淌，仔细一听，还有鸟叫声在耳边萦绕。

真美啊！艾萨克感叹，刚才那些什么不如格兰瑟姆之类的想法马上被抛到了九霄云外。

这就是剑桥大学三一学院，是我为之奋斗的大学！艾萨克兴奋之极，不由一路小跑起来，一直跑得他气喘嘘嘘、满头大汗的时候，他才在一颗大树下停下来。

前面就是剑桥大学的大门了，艾萨克猜测着里面的景象，想到自己马上就要成为其中的一份子，他不禁有些紧张。不过，再紧张也不能在这里站着吧，艾萨克略微整理了一下衣着，便朝大门走去。刚走进大门，便听到有人"喂"了一声。艾萨克不确定是否是在叫自己，他缓缓地回过头来。只见一个身穿长袍的人微笑地站在他背后，问道："请问你是从格兰瑟姆的皇家中学来的吗？"

艾萨克一愣："对，你怎么知道？"

那人笑了："那你是不是艾萨克·牛顿先生？"

听他叫出了自己的名字，艾萨克顿时明白了，这个人就是校长嘱咐要将介绍信交给的那个人。

那人拿过介绍信，道："我是艾萨克·巴罗。我是这里的教授。"

艾萨克赶紧朝巴罗教授行了一个礼。

巴罗教授哈哈笑道："好，好，你跟我来吧。"说着，巴罗教授和艾萨克并排朝前走去。

一路上，艾萨克看到了青葱草地，净如明镜的水池，还有三两个走在一起的人，一边走一边讨论着什么问题，他们也是三一学院的学生。艾萨克顿时喜欢上了这种氛围，他心中很高兴：我终于来到了大学！

巴罗教授带他来到了一栋三层楼高的房子前，巴罗教授指着这小楼说道："我的房间在上面，先到我的房间里坐一坐，然后带你去你的宿舍。"说着，艾萨克跟随巴罗教授来到了二楼的一间房。

房内有很多他从未看过的书，还有许多艾萨克尚不能理解的图纸。但是，这一切，并没有使艾萨克感到不妥，而是非常亲切。

"说说吧，"巴罗教授招呼艾萨克坐下，"为什么要来剑桥大学读书？"

艾萨克一愣，一时间竟不知道如何回答这个问题，半晌他才吐出几个字："为了学习更多的知识。"这句话将巴罗教授逗笑了："知识分很多种类，你对哪一种比较感兴趣呢？"或许巴罗教授也意识到自己前一个问题问得太笼统，所以他马上换了一种问法。

"关于力、天体等方面的知识。"面对陌生人，艾萨克终于说出了些许自己的想法。

"力！"巴罗教授琢磨着，脸上闪现出一丝为难的神情："艾萨克，你知道吗？现在这里并没有人教授力这方面内容的课程！"

此时的自然科学还不十分发达，所以三一学院也还没有开设这方面的课程。艾萨克听了，却没有丝毫的担心："我可以自己研究。"这句话倒让巴罗教授对这个十六岁的孩子刮目相看了。

"那我们来说说数学吧。"巴罗教授接着说："我们这里有系统的教授数学知识的课程，你感兴趣吗？"

艾萨克点点头，现在的他就像一块吸收知识的海绵，什么知识他都愿意吸收。

巴罗教授满意地点点头，他开始喜欢上了这个淳朴的少年，于是他站起身来："好了，今天的谈话就到这里。我现在带你去你的宿舍吧！"说着，巴罗教授带着他来到了距离这栋楼不远处的另一栋楼，"里面住的都是学生。"巴罗教授说着，将他领上了三楼的一间小房子前："这就是你在三一学院的宿舍啦！"巴罗教授说着，将门打开了。

里面虽然面积不大，但光线充足，空气对流，环境非常好。艾萨克高兴地走进去，将行李放了下来。

看到艾萨克高兴，巴罗教授也十分开心，"预祝你在剑桥度过愉快的时光！"说完，他就要走了，作为教授，他有很多事需要处理。临走时，他特意叮嘱了艾萨克一句："记住每天下午6点钟到学生食堂打扫卫生，这是你在剑桥大学做工读生必须付出的劳动。"

艾萨克早已经准备好了，听巴罗教授说完，他就赶紧冲他点了点头。

到达学校的第二天，艾萨克便开始正式上课了。

8点钟刚过，巴罗教授穿戴整齐地走进了教室，他将腋下夹着的教案放在讲台上，环视四周一圈后才开始讲课。

艾萨克认真地听着巴罗教授的讲解，遇到不懂的地方，他马上写在了随身携带的笔记本上。来到剑桥的第一天，艾萨克觉得学到了很多以前没有学到的知识，想到以后每天都可以学到不同的知识，他感到很兴奋。

下午6点，艾萨克准时赶到了学生餐厅，这里一共有十一个工读生来为三一学院的学生们准备晚餐。艾萨克主要负责将面包和牛奶整齐地放在每一张椅子前。

当艾萨克做完这个工作时，吃晚餐的学生差不多都到齐了，大家一起坐下向上帝祷告之后，才开始动起了刀叉。

艾萨克正吃着面包，忽然看见一个熟悉的身影坐在另一张桌子前，那个人正是巴罗教授。

这时他旁边的另一个工读生对他说道："你看，巴罗教授。"艾萨克点点头，表示他已经看见。

"巴罗教授发明了在曲线上画切线的方法，"这位工读生有些激动地说："他真是聪明过人，而且人也非常好！"

艾萨克心底也十分钦佩。吃完饭，他回到自己的宿舍，开始复习今天所学到的知识，他发现有些知识，不管自己怎样努力都无法理解，所以他决定去请教巴罗教授。走上巴罗教授所在的二楼，他轻轻敲响了房门。

"哪位？请进。"巴罗教授的声音在门内响起。

艾萨克推门进去了。巴罗教授抬头冲他笑了一笑："有什么事吗，艾萨克？"

艾萨克在巴罗教授面前坐下来："教授，有几个问题，我想跟您请教一下！"

"三角形三个角度之和一定等于一百八十度吗？一条直线有无数条平行线，那么一条线段呢？"他一口气说了两个问题。

巴罗教授非常耐心地为他解释了这些问题。"不过，"巴罗教授最后说："给你提个建议，从你的问题来看，你的数学基础应该不是非常牢固，所以你应该加强你的数学基础，这样在学习别的课程之时，你也会比较轻松地掌握。"

被巴罗教授这么一说，内向的艾萨克的脸霎时红了，他虚心地接受了巴罗教授的建议，开始潜心学习数学知识。

这天在学校餐厅打扫完卫生后，艾萨克本来想立即回宿舍学习，这时，他忽然想到了一个数学公式的计算方法，于是，他就在餐桌上摊开纸笔开始研究起来。

坐在一旁玩牌的工读生一看，还以为他是研究什么大课题，走过去一看，却是非常简单的数学公式。不禁感到奇怪，就问："艾萨克，难道这些你还不会吗？"

艾萨克诚实地点点头，对于这些最基本的公式，他确实还没有完全掌握，为了巩固自己的数学基础，他决定从最基本的学起。

"真不知道你是怎么进来的。"同学们哈哈笑起来，不过，艾萨克能听出来，这是善意的嘲笑。

不过这一切都无关紧要，艾萨克决定要做的事，即使真被别人嘲笑，他也会继续做下去。

经过数月的努力，艾萨克的数学基础已经十分牢固了。

当他再独自阅读欧几里德的数学书籍时，他渐渐感觉欧几里德的几何学其实存在着很多问题，于是，他开始阅读笛卡尔的几何学，这时候他发现，对于笛卡尔的书籍，他也能顺利地阅读了。

✳ 巴罗教授的助手 ✳

很快，在三一学院里，大家都知道了一个叫艾萨克的工读生是学习最为认真刻苦的学生。他很少参与娱乐活动，每天晚上他房间里的蜡烛也是最后熄灭。不过，对他的飞速进步感受最深的，还要属巴罗教授。短短几个月，他的数学基础知识从异常单薄飞跃到了坚实牢固，其中付出了多少艰辛和努力，巴罗教授可以想象。所以，他更加关注这个淳朴的学生了。

转眼间，新的学期开始了。对于这个学期的教学计划，巴罗教授有所调整，他决定和同学们讨论力的问题。

课堂上，巴罗教授提出了这样一个问题："两个大小不同的两个铅球，在同一个高度同时

放下，有谁可以告诉我，到底是那一个铅球先落地？"

问题刚一出口，立即引发了同学们的大讨论，有的说一定是大的铅球先落地，有的说是小的，也有的人说要看风有没有阻力之类的。

巴罗教授示意大家安静下来，然后他看着艾萨克问："艾萨克，不知道你对此有什么看法？"

艾萨克的基本思路是做一次试验，自从开始制作小木车开始，艾萨克就遵循动手试验的方法来完成每一件事情，这个思路一直延续到他对水漏时钟的设计。所以，他现在还是回答："教授，不如我们亲手来做这样一个试验，不就可以得到答案了吗？"

巴罗教授满意地点点头，示意他坐下，然后接着说："不错，只要做个试验，我们就能够马上得到答案。所以，伽利略爬上了比萨斜塔，完成了这个试验，试验证明两个大小不一的铅球是同时落地的。"此言一出，更是引起了同学们的广泛讨论。巴罗教授接着说："请同学们想一想，为什么这两个大小不一的铅球会同时落地呢？"

坐在椅子上的艾萨克陷入了沉思。

伽利略的《两大世界体系的对话》，艾萨克早已经读过。对于其中的道理艾萨克也很明白，不过，他总是觉得这其中还有些什么是不完整的。等到下课钟声响起，同学们的讨论还是没有明确的结果，巴罗教授微笑着说："如果哪位同学有什么想法，可以随时来我的宿舍找我！"说完，走出了教室。

不一会，艾萨克也独自走出了教室，他来到校园里的小

溪边，问题在脑海里翻来覆去，就是无法理清头绪。

他在小溪边的草地上坐下来，随手捡起一块小石头扔了出去，小石头打在另一块石头上，被远远地弹了出去。咦，艾萨克对这个现象产生了兴趣。他又捡起一块石头，狠狠地朝另外一块石头砸去，这石头马上也被远远地弹了出去；接着，他又捡起一块小石头，轻轻的朝另外一块石头扔去，这次它没有被远远地弹出去，而是温柔地落在了这块石头的旁边。

艾萨克总结出来了一个现象：如果你用力将一块小石头砸向另一块石头，那么这块石头将会被狠狠地推开，但如果你只是轻轻地把这一块小石头砸向另一块石头，那么被扔出去的小石头将会被温和地接纳。那么，被砸的石头是如何产生了一股力，居然可以将砸向它的石头推开呢？

艾萨克想到这里，不禁笑了。再回到巴罗老师所说的两个铅球问题，伽利略的试验已经过去了几十年，他的结论也已为自然科学界所接受，这个问题本身艾萨克不想再去多做研究，他想到的是，如果两个铅球在下落的过程中，遭到了外界的另一种力量，那么结果是否一定会改变呢？

简单来说，力是否能使得物体改变原来的运动状态呢？

艾萨克将这些思路在脑海里整理了一遍，他还是认为，想要知道问题的答案，就去做试验。于是，艾萨克快步回到了宿舍。首先，他找来两个体积比较小但大小不一的铁球，将它们放在地板上，如果人不去动它，那么它将一直静静地呆在原地，一动也不会动，这一点就足以说明这两个铁球本身是不存在自发力的，这一点和人完全不同，艾萨克想。

　　然后，艾萨克将两只小铁球一起往前推，它们在这个外力的推动下，都向前跑去；忽然，艾萨克一伸手，拦住了其中的一只小铁球，这只小铁球马上停止了运动，另外一只则一直跑下去，知道碰到墙壁又被弹回来。艾萨克看着它被墙壁弹回来，以为它还会沿着原方向跑回来，谁知它只往回滚动了一点点，便不动了。

　　而被艾萨克用手拦住的这只小铁球虽然被拦住后马上停止了下来，艾萨克的手却因此被打得有些许疼痛。

　　这些现象的产生都是什么原因呢？艾萨克皱起了眉头。接着，苦苦思索的他再将一只小球放在地板上，然后推动另一只小铁球去撞击静静停放在地板上的那只小球，这只小球被推动了，但推动它的这只小球却停止了；艾萨克感觉有些不可思议，他将两只小铁球重新放好，又进行了与上次一样的小实验，不过这次不同的是：在用一只小铁球去推动地板上的那只小球时，他把手上的力加大了很多，结果，不但地板上的小铁球被推动了，连从手上出发的这只也往前滚动而去。

　　艾萨克忽然灵光一现，他赶紧趴到桌子前，拿起纸笔刷刷地写起来。不对，不对，他口中反复叨念着这两个字：不对，还是不对。只见房间中稿纸飞舞，落了满满一地，却还是没有得到答案。

　　艾萨克紧锁着眉头，自己明明已经发现了啊，但是为什么计算不出来呢？艾萨克仔细地寻找着原因，不时地在纸上写一写。但一个下午过去了，他还是没有得到想要的答案。

　　该是去学生食堂的时间了，艾萨克将两个小铁球先收了

起来。

等学生们用餐完毕，已经是7点多了。巴罗教授走到艾萨克身边："工作结束之后到我那里去坐坐吧！"面对巴罗教授的邀请，艾萨克显得非常激动："好，我马上就来。"

因为今天要对餐厅进行大扫除，所以等能够离开餐厅时，已经是晚上9点多了。艾萨克赶紧朝巴罗教授的房间走去。

但走在路上的时候，艾萨克又开始对下午自己做的那个试验进行思考，所以这一路上他走得很缓慢，到达巴罗教授的房间时，已经快10点了。

艾萨克感觉有些过意不去，一走进巴罗教授的房间，他首先便对巴罗教授行了一个礼。他的心思都写在脸上，怎么能瞒过巴罗教授："艾萨克，学生餐厅的工作忙吗？是不是觉得它影响了你正常的学习时间？"这怎么会呢？艾萨克对这个问题感到很奇怪，一方面他也在猜测巴罗教授是不是在试探他什么。但巴罗教授却哈哈大笑起来："我看你满面愁容，还以为你是不想在学生餐厅里干活呢了。"

原来是一场误会，艾萨克松了一口气，但是心中的问题得不到解决，他就无法得到解脱。

"遇到了什么问题吗？"巴罗教授问。

艾萨克点点头，表示他确实遇到了问题。"快说出来听听吧，"巴罗教授赶紧说："大家一起研究一下，总比一个人冥思苦想来得要好。"

艾萨克之所以不主动提出来，是害怕巴罗教授的事情太忙，自己的小问题会耽误他的时间，但现在巴罗教授主动提出来，艾萨克便赶紧将自己的问题说出来。

在总结了他今天下午的小实验后，他的问题大致可以归纳为三点：一、小铁球碰到墙壁弹回来，或者碰到另一只小铁球之后便回复静止的状态，是怎么回事？二、铁球在运动的时候，速度会不会发生变化，这种变化的依据又是什么？三、为什么有的石头碰到石头会狠狠地被弹开，而有的石头却刚好相反？

巴罗教授仔细地听他叙述完毕，不禁惊讶极了。他完全没有想到，自己才讲了一堂关于力的课程，艾萨克却可以举一反三，得出这么多问题，而且这些问题都是非常富有创建性的，以前还从来没有人研究过这些问题。

"这些都是你自己想到的吗？"巴罗教授问。

艾萨克点点头："我在读伽利略的著作之时，就想到过这些问题，只是一直没有找到答案。"

巴罗教授站起来，紧紧握住了艾萨克的手："这些问题值得研究，你一定要好好研究，我等着你的好消息。"

巴罗教授的举动让艾萨克有些莫名其妙：自己来和他探讨问题，巴罗教授非但不说任何关于力这方面的问题，反而鼓励自己去研究！其实巴罗教授这么做自有一番苦心在里面，以一个科学家的角度来看，艾萨克已经站在了真理的门前，只要再使把劲儿，推开这扇门，那么艾萨克就能得到真理啦！

果然，通过数月反复地试验与推敲，艾萨克得到了几点科学结论。首先，我们来看看艾萨克创建这几点科学理论的基础，也就是伽利略的定律——如果一个物体处于静止或作恒速直线运动，那么只要没有外力作用，它就仍将保持静止

或继续作匀速直线运动。这个定律在今天也称惯性定律，它主要讲述的是力的一个作用，也就是力的属性：力可以使物体由静止到运动和由运动到静止，也可以使物体由一种运动形式变化为另一种形式。比如吧，艾萨克可以推动小铁球滚动起来，也可以拦截小铁球，使得它不再继续往前滚动。这一定律被后人称为牛顿第一定律。

那么，用一个小石子去撞击另一个石子，手上的力度不同，为什么产生的效果也不同呢？艾萨克通过对各种物体进行试验，得出了一个重要结论——两个物体的相互作用总是大小相等而方向相反。就拿小石子来说，你狠狠地用一颗小石子砸向另一颗小石子，这颗小石子打在另一颗小石子上施的力越大，使得这另一颗小石子上的反作用力也越大，而将这狠狠砸向它的石子推开了。比如说你狠狠地打别人一拳，其实你自己的手也是非常疼的，这就是反作用力的作用。

除此之外，艾萨克还发现了力能使物体的运动产生变化。用现在我们所学的物理知识来说，速度的时间变化率，即加速度a与力F成正比，而与物体的质量里成反比，即$a=F/m$或$F=ma$；力越大，加速度也越大；质量越大，加速度就越小。加速度由力引起，方向与力相同；如果有几个力作用在物体上，就由合力产生加速度，这三个定律被合称为牛顿三大定律！

这三个科学结论被艾萨克研究出来之后，巴罗教授惊叹不已：想不到自己在力学方面对艾萨克的引导，可以使艾萨克有如此重大的发现。

巴罗教授愈发地器重这个来自乌尔索普村的淳朴学生。

鉴于艾萨克自入剑桥大学学习以来，勤奋刻苦，学习成绩优异，所以剑桥大学给他颁发了奖学金。这笔奖学金可不是个小数目，艾萨克完全可以依靠它结束工读生的生活，从而将时间节省下来多看几本书。不过，让巴罗教授感到奇怪的是，艾萨克并没有这么做。

巴罗教授向他询问原因，艾萨克简单地说道："我已经习惯了做工读生，适当的劳动让我充满活力，而且，"他还说出了另一重要原因，"我将奖学金寄回家去，外婆、妈妈和弟弟妹妹，就会减轻一些负担。"

巴罗教授为他的这颗孝心感动了，他说："不过，我倒有个好消息要告诉你。"

"什么？"艾萨克问。

"从明天起，来做我的助手吧，我已经在学校里申请好了，从此你可以用这份薪水来养活自己。"巴罗教授平静地说。

艾萨克一愣，做巴罗教授的助手！"我真是太幸运了，"艾萨克感叹道："谢谢你，巴罗教授。"

巴罗教授摇头道："不，你应该感谢你自己，是你的勤奋换来了这一切！"

✳ 微积分的创始人 ✳

成为巴罗教授助理的艾萨克，比以前更加忙碌了。同学们经常可以看见校园的草地上走过一个手抱书本和稿纸的匆忙身影，他就是艾萨克。

他走过风景如画的草地，却没有空闲停留下来欣赏一番，因为他不但要帮助巴罗教授准备讲义，还要完成巴罗教授额外给他布置的学习任务。另外，为了巩固自己的数学基础，还要自学种种数学书籍，难怪他像一只陀螺一般始终飞速地旋转着，没有一丝的空闲。

砰砰，他以最快的速度来到了巴罗教授的房间，伸手将门敲响了。

"请进。"巴罗教授在房间里说。

艾萨克走了进去，擦了擦额头的汗水。

巴罗教授脸上带着微笑，注视着艾萨克："怎么，对于上次的问题有什么新的想法？"

艾萨克在巴罗教授的桌子前坐下来，拿出随身携带的羽毛笔，在纸上刷刷写下了一个公式："教授，你看，这是我昨晚上看书的时候推敲出来的。"

巴罗教授拿起这张纸看了一会，便拿过笔在另一张纸上写起来，不过，巴罗教授的书写好像并不顺利，他时不时地还抬起头看看艾萨克写下的公式。

如此反复，忽然，巴罗教授终于抬起头，满脸的赞叹之色："艾萨克，你真是个天才啊！"

艾萨克期待地看着巴罗教授："怎么样，教授？利用这个公式是不是可以解决上次您提出来的问题？"

巴罗教授点点头："完全可以，但是，"他看着艾萨克，"这个公式有名称吗？"

"我叫它二项式定理，"艾萨克说："有了它，我们就可以开始对求解无限小这类问题进行研究了。"

巴罗点点头："自从古希腊以来，人们总结了很多求解无限小问题的方法，你对此有什么看法？"

艾萨克说出了自己的想法："我认为这些方法一定可以归结为一种或两种简单的方法。这样的话，计算起来也就不会那么麻烦了。"

巴罗教授显然对他的这番话很感兴趣："看来对解决此类问题你已经有自己的想法啦！"

艾萨克点点头："二项式定理也可以成为一个极数的规则，利用这个定理，可以推导出无限个数字，我就是从这里得到的灵感。"

巴罗仔细地回味了他这一番话。这时，学校餐厅的钟声已经响起，两人便结伴朝餐厅走去，一路上却没有停止对刚才这个问题的讨论。

二项式定理：二项式定理，又称牛顿二项式定理，由艾萨克·牛顿于公元1664、1665年间提出。

此定理指出：

其中，二项式系数指...

等号右边的多项式叫做二项展开式。

二项展开式的通项公式为：...

其i项系数可表示为:...，即n取i的组合数目。

因此系数亦可表示为帕斯卡三角形

二项式定理（Binomial Theorem）是指（a+b）n在n为正整数时的展开式。（a+b）n的系数表为：

1 n=0

1 1 n=1

1 2 1 n=2
1 3 3 1 n=3
1 4 6 4 1 n=4
1 5 10 10 5 1 n=5
1 6 15 20 15 6 1 n=6

···

（左右两端为1，其他数字等于正上方的两个数字之和）

到了餐厅，这里的工读生像往常的艾萨克一样，将面包和牛奶都摆放整齐了。

祷告过后，大家才开始开动刀叉。

这时，有一个学生站起来，高声对大家道："大家知道吗？伦敦现在爆发了一场可怕的鼠疫，"说着，他拍拍身边的一位同学："现在我们就请刚从伦敦回来的詹姆士来说说伦敦的情况吧！"话音未落，全餐厅的同学都朝那边看去。

只见这个被称做詹姆士的同学缓缓站起来，他脸色发白，嘴唇颤抖："同学们，上帝开始怪罪人类，鼠疫突然爆发，伦敦人心惶惶，能逃的已逃了出去，逃不出去的不是死了，就是继续生病，现在伦敦已经没有了往日的繁华，到处冷冷清清，鼠疫的阴云笼罩在伦敦的上空，暗无天日，我估计，这场鼠疫马上就要扩散开来了！"

"扩散！"同学们惊恐地看着对方，会不会传到剑桥来？顿时，餐厅里议论四起，这顿晚餐在恐怖的气氛中度过了。

鼠疫，又称黑死病，公元17世纪的欧洲还没有搞清楚产生鼠疫的真正原因，一切都归于上帝对人类的惩罚，患上鼠疫的人，就等于宣告了死亡。

艾萨克心里也觉得非常的可怕，但是，当他回到宿舍，又开始研究二项式定理的时候，他便遗忘了外界的一切。

第二天，当他走出宿舍，他看见同学们都围在草地上，讨论着什么事情，艾萨克也好奇地走上前去。

只听一个同学说："昨晚上我听说剑桥附近也发现了身患鼠疫的人，鼠疫已经迅速来到了剑桥啦！"

大家都不由自主地发出一阵惊呼：鼠疫已经到了剑桥附近，那就是说很快就要到剑桥来啦！

该怎么办？每个人的脸上都布满了恐怖的神色，艾萨克也觉得胆战心惊。他快速来到巴罗教授的房间，和巴罗教授说了这件事情。

巴罗教授点点头："鼠疫确实已经蔓延到剑桥来啦，学院这两天就要给学生放假。"

"放假？"艾萨克一愣，那就要回到乌尔索普村去了。

巴罗教授见他面露难色，关切地问："艾萨克，你怎么啦？"

艾萨克摇摇头，开始帮助教授整理明天的讲义。

"艾萨克，"巴罗教授忽然说，"你对天文学有研究吗？"

艾萨克一愣，研究谈不上，这方面的书倒是看过不少，他非常诚实地对巴罗教授说："没有研究。"

巴罗教授微微一笑："知道月亮为什么绕着地球转动吗？"说着，他深深皱起眉头，显然，这是最近困住了他的一个问题。艾萨克满脸茫然地看着巴罗教授，这个问题他还没有时间去思考。不过，在对无限小这个问题的研究上，艾

萨克又取得了一些进展，他对巴罗教授说："如果用代数的方法来计算几何，您说怎么样？"

巴罗教授一时间没有听清楚："艾萨克，你说什么？"

艾萨克将自己的想法又重复了一遍，并补充道："很久以来，数学都是依靠眼睛去分析图形，也就是几何学，但是，数学应该回归到数字，包括数字的计算等等，也就是说，一个图形的面积其实可以用计算的方法来确定。"

巴罗教授为他这种前无古人的看法吃了一惊，他看着艾萨克，脑袋里快速地分析着艾萨克的说法，知识渊博的他直觉这并不是天方夜谭。他激动地说："好，你的想法很好，我们继续研究下去。"得到教授鼓励的艾萨克顿时感觉更有力量，从教授家里告辞之后，他便回到了自己的宿舍。

这时，同学也是邻居的伯格走了进来，见艾萨克依旧对着书本发呆，不由说道："艾萨克同学，你不害怕鼠疫吗？"

艾萨克看了他一眼："我很害怕。"他说了实话。

伯格同学叹了一口气："听说学校这两天就要放假啦，你准备回去躲避鼠疫吗？"

说实话，艾萨克还真是不太愿意回家，他喜欢剑桥大学的环境，这里让他时刻都有强烈的求知欲。"情况不会像大家想象的那么严重吧！"艾萨克既是回答，也是祈祷。

伯格摇摇头："我明天下午就回家乡去了，祝你好运！"说完，伯格便离开了艾萨克的房间。

艾萨克叹了一口气，点上蜡烛，又开始了自己的计算。

然而，事情远比艾萨克想象的要糟糕，鼠疫的蔓延速度非常快，才两三天的时间，剑桥附近也已经因为鼠疫死去了

几十人。

消息传来，学院里开始骚乱起来，教授开始将大家组织起来，决定立刻放假。艾萨克也不得不暂时离开剑桥了。

雇佣的马车明早来接他，晚上，艾萨克来到巴罗教授的房间和他道别。

巴罗教授倒是十分镇静，依旧坐在房间里看书。见艾萨克来到，巴罗教授将书本放下，对艾萨克说："是明天回去吧？"

艾萨克点点头："教授，您什么时候走？"

巴罗想了想："等学生都走后，我就离开，我是教授，要对你们负责。"

艾萨克担心地说："那您一定要赶快，听说剑桥附近已经死了很多人了！"

巴罗教授哈哈一笑，并没有对这句话表示任何看法。

"艾萨克，"他接着说："到了家里，不要放弃学习！"

艾萨克点点头，这一点他完全能做到。

"好的，祝你一路

顺风！"巴罗教授冲他挥挥手，又补充道："鼠疫过后，我们再见吧！"

艾萨克从巴罗教授的房间里走出来，心里无比惆怅，在巴罗教授的教导下研究问题，能让艾萨克的灵感迸发，而且巴罗教授能给自己最好的指导，离开了巴罗教授，或许艾萨克的进度就要慢一些吧！

回到自己的房间，艾萨克开始收拾行李，衣服只有简单的几件，书本要多带一点回去，还有他的各种试验工具，艾萨克一个也没舍得落下。

另外，这桌上的手稿要不要带回去呢？他想着这个问题，目光停留在最上面的一页稿纸上，上面是他昨晚研究二项式定理写下的心得。

忽然，一句话引起了艾萨克的注意：面积计算可以看作求切线的逆过程。昨天无意中的一句话让艾萨克灵感突现，他马上在桌子前坐下，将脑袋中浮现的灵感变化成文字，在稿纸上尽情书写，等他终于停下手中的笔抬起头时，才发现天已经亮了。他赶紧吹熄刚换不久的蜡烛，拿起手稿往巴罗教授的房间跑去。

巴罗教授刚刚起床，忽然听见急促地敲门声，他还以为学院发生了什么急事，打开门一看，却是满脸欣喜之色的艾萨克，只见他手中拿着一叠手稿，冲自己说着："教授，我算出来了，我算出来了。"巴罗教授赶紧拿过手稿仔细翻看起来，大约一个小时以后，巴罗教授的脸上露出了比艾萨克还要兴奋的神采，"恭喜你，艾萨克，"他说："正流数法终于被你创造出来啦！"

✳ 光线中的秘密 ✳

虽然在伦敦人们谈鼠色变，但是乌尔索普村还是和以往一样的宁静。对于艾萨克的归来，全家人都十分高兴。

妈妈仔细打量了他一番："不错，个头长高了，变成大人啦！"

这次回来和中学时候辍学在家不同，弟弟妹妹们都长大了，家里的农活也不缺人手。况且汉娜既然让他去上大学，就希望他能认真学习，所以这次回家，除了躲避鼠疫之外，也给艾萨克创造了一个绝好的学习环境。

圣诞节这天，正是艾萨克的生日，妈妈给他烤制了草莓蛋糕，上面加了一块大大的奶酪，就像小时候一样。

不过，让艾萨克感到惊喜的是，晚饭前，弟弟塞了两个东西给他。这东西是三棱镜，艾萨克曾经在家中无意中提过，没有想到弟弟居然给他弄来了两个。得到了三棱镜之后，艾萨克连晚饭都不想吃了，只想趁着天还没有完全黑下来，用它去做试验。

不过，今天是圣诞节，合家团圆的日子，再加上是他的生日，他怎么能离席呢？

晚餐摆上之后，大家一起祷告上帝，然后才开始用餐。一家人围绕在火炉边吃饭，边聊天，看外面白雪纷纷而落，是多么美好的一件事情，艾萨克却总显得有些心不在焉，眼看天已经黑了下来，想要做实验，只有等明天了。

这时，妈妈汉娜问大家新年有什么愿望？

　　大家逐一说着，有的希望鼠疫快些结束，有的希望明年的收成大好，当大家问到艾萨克时，他说了一句："希望明天出太阳。"现在外面尚是白雪纷纷，明天怎么可能出太阳？再说了，明天是否出太阳，对生活有什么影响呢？大家都为他这个莫名其妙的愿望笑起来。

　　艾萨克坐在桌子前，没有理会他们。他们不知道，艾萨克之所以希望明天出太阳，是因为他现在得到了三棱镜，他想做一个光的试验。

　　在翻阅安东尼和马尔契的书籍时，艾萨克发现了两种关于光的学说，为了得到正确的结论，艾萨克早就决定要自己做一次试验。所以，他非常希望明天会出太阳。

　　不知是不是他对科学的严谨态度感动了上帝，当晚雪停之后，第二天一早，天空果然出现了一轮暖日，照耀着整个乌尔索普村。

　　艾萨克赶紧从床上爬起来，匆匆披了件大衣，便开始做起了试验。他将三棱镜用手端在和自己胸部平行的位置，照进窗户的阳光透过三棱镜，投射在摆放于窗前书桌上的白纸表面，出现了七彩的光谱。

这个在书上早有记载，艾萨克一点不觉得奇怪，接着，他拿出事先准备好的夹板，挡住其他六种光线，剩下的一种光线再透过第二个三棱镜，然而剩余的这一条有色光线再透过三棱镜，却保持了它原有的颜色，并没有发生任何变化。

看到了这个现象，也还远远没有达到艾萨克的目的。接着，他用一个三棱镜分解出来的七彩光线逆向通过另外一只三棱镜，让人没有想到的是，从第二只三棱镜中射出来的光线，居然又变成了白色。

艾萨克不由一阵激动，这样看来，我们平常看到的白色光线其实是由七色光线组成的。

得到了这个结论的艾萨克，并没有满足。他看着三棱镜后的七色光谱，他想找到根源，也就是为什么白光透过三棱镜之后，会变化成七种颜色？于是，他又利用挡板，分别挡住了其他六种颜色，然后又分别单个地研究色谱的每一种颜色。从它们各自透过三棱镜的路线，艾萨克发现，每一种颜色的光线穿过三棱镜的角度都不尽相同，这个会不会是它们从白光中分散开来的原因呢？

经过反复试验，艾萨克终于证实了自己的这个想法，因为透过三棱镜的角度不同，所以这七种光线分别有自己的折射角度，从而形成了不同的折射率。艾萨克计算出了不同颜色光的折射率，以数字的方式说明了白光的色散现象。

连续工作了十几天的艾萨克走出房间，来到庄园里想透透气。这时妈妈和妹妹正从集市回来。活泼可爱的妹妹难得看到她的这个哥哥来到院子，便给他扔过一个黄色的橙子，

接着，她又拿出一块印有多彩花朵的花布给哥哥看："哥哥，好看吗？"

艾萨克看了看，说："其实它是一块白布！"

妹妹被他的话弄得一惊，她赶紧将花布拿在眼前左看右看，明明是一块色彩鲜艳的花布，为什么哥哥要说是白布呢？

"它本身确实是一块白布。"艾萨克肯定地说。

妹妹还以为自己的眼睛出了什么问题，马上叫妈妈过来看一看："妈妈，你说这是不是花布？"

"这当然是花布啦，你这孩子怎么问这样的怪问题呢？"汉娜不解地看着女儿。

小女孩指着艾萨克："可是哥哥硬说这是白布。"

艾萨克脸上微微笑着，"它就是一块白布。"说着，艾萨克往对面的山坡上走去。不仅仅是这块花布，其实这世间所有的物质之所以在人的眼睛里产生色彩，是因为物质的色彩是不同颜色的光在物体上有不同的反射率和折射率造成的。公元1672年，牛顿把自己关于白光的研究成果发表在《皇家学会哲学杂志》上，这是他第一次公开发表论文。

早在这之前的1668年，牛顿就认为折射望远镜透镜的色散现象是无法消除的，此后，就自己设计和制造了第一架反射望远镜，这是对白光研究的第二大贡献。

公元1671年，艾萨克把经过改进的反射望远镜献给了皇家学会，因此，艾萨克名声大震，并被选为皇家学会会员。而反射望远镜的发明也奠定了现代大型光学天文望远镜的基础。

第五章

步入辉煌

✳ 不平凡的苹果 ✳

5月的乌尔索普村，宁静和祥，微风阵阵吹过，带来淡淡的花香，让人不由得沉醉。任凭外面的鼠疫传染得如何凶猛，乌尔索普村还是一样的宁静，就像一个世外桃源，正是这样的环境，给艾萨克的思考与研究提供了一个良好的条件。

这个晚上，他又来到庄园的小亭子里。抬头望去，一轮明月悬挂空中，非常漂亮。但艾萨克关心的却不是这个，他想起小时候为了看到月球的真实表面，他还在校长办公室门口等候了一下午。现在的他，却在思考关于月亮运行的问题了。

众所周知，月亮是绕着地球转动的，艾萨克想知道的是，月亮为什么绕着地球转动呢？它为什么从来没有离开过那个轨道，而是一直这样旋转？根据自己发现的运动定律推断，如果有什么力量改变了月亮的运动方式，那么月亮还会不会围绕着地球继续转动下去呢？

艾萨克抬头看着月亮，思索着这些问题，却久久得不到答案。

第二天一早，家里人都起床了，艾萨克也起来了，虽然他已经是剑桥大学的学生，但他还是希望能帮助家里做点什么事情。

弟弟和汉姆要去集市卖水果，艾萨克家自己栽种的苹果已经获得了今年的第一批果实，要赶紧趁着新鲜卖个好价钱。妹妹和妈妈要去地里播撒土豆种子，人手都已经足

够，并不需要艾萨克帮什么忙。

吃过早点，艾萨克拿上一本书，来到了自家的苹果庄园。大部分可以吃的果实已经被采摘，还剩下的都是些尚未成熟的青涩果子，还要等上几周才行。艾萨克找了一棵最为茂盛的苹果树，坐了下来。翻开开普勒的《行星运动定律》，上面对于行星的描述让艾萨克着迷，这不正与自己思考的问题相吻合吗？艾萨克饶有兴致地看起来。

突然，艾萨克感觉肩膀上被重重一敲，他赶紧回头一看，一个青涩的苹果落在了他身边。

艾萨克将这个苹果拾起抓在手里。这是个尚未成熟的苹果，为什么会落下地来呢？或许是调皮的鸟儿在树枝间游戏，将这个苹果碰下来了也不可知。

艾萨克端详着这颗苹果，这圆圆的模样和肉眼看到的月亮是如此地相似。顿时，一个新的问题在艾萨克脑海中产生了：为什么这颗苹果要往地上掉落呢？

月球、苹果和地球在他的脑海之中被想象成两个点与一个面的景象：月球是一个点、苹果是一个点，而地球则是一个面。虽然这两个点距离地球这个面的长度是相差很大的，但是非但月球围绕着地球转动，苹果也同样往地球上掉落，这其中的原因是否一样呢？

艾萨克又想道，无论手里拿着什么，只要将手放开，东西就会往地上掉。前人的研究已经表明，地球是圆形的，假如拿一个球来做试验，无论是在这个球面的任何一个地方掉落东西，这东西都会随着弧形的球面往下滑落，为什么在地球上就不会发生这样的情况呢？

艾萨克立即赶回家，翻看所有相关方面的书籍。他发现无论什么东西，不管你将它抛得多么高，它最终都会落到地球的表面上。

这到底是什么原因呢？难道是上帝使得一切拥有如此规则吗？艾萨克虽然是基督徒，但他似乎并不相信这是由上帝来主宰的，而且在这个时代，神学上对很多问题的结论慢慢地在被自然科学一一打破，艾萨克也坚信很多问题是可以从科学角度来解释的。

而他现在发现的这个问题，让他不由得想起了磁铁，磁铁对于所有铁制的东西都是可以吸引的，当然，越大的磁铁吸附力越强。想到这里，艾萨克的脑海中冒出了一个新的想法：地球除了是弧形的以外，是否还是一个万能磁铁呢？这个万能磁铁的意思就是，什么东西都能被地球所吸引，苹果落地是因为地球吸引着它，而月球围绕着太阳不停运转，从不偏离轨道也是因为地球对它有吸引力。如此说来，任何一颗围绕地球运转的星球都是被地球的吸引力吸附住啦？

艾萨克得出了这样一个大胆的结论，但他还是不敢确定。因为凡事只有通过试验论证了它的正确，才能称之为真理。

经过很长一段时间的论证，艾萨克终于可以确定地球对物体是有吸引力的，这个吸引力的大小取决于物体本身质量的大小。不过从现实情况来看，地球的这个吸引力将月球也吸引在了身边，那么人在日常生活中，时时刻刻都在受这种引力的作用。人们一度认为天圆地方，后来地球被证实是弧

形的，那么人为何能置身球面而不往下掉呢？

艾萨克发现的地球引力现象应该是这个问题最好的答案。现在的科学表明月球上不存在万有引力，宇航员在月球上完全属于失重状态，如此看来，地球具有万有引力，无疑是为包括人类在内的地球生物提供了栖息的空间，如果地球没有万有引力，人类是否能得以生存在地球之上？或许这仍然是个值得探索的问题。

而艾萨克以一个小小的苹果为钥匙，打开了探索自然秘密的大门，这与他平时的勤奋刻苦是分不开的。任何事物都不是偶然发生的，艾萨克·牛顿发现万有引力就是个最好的例子！

巴罗让贤

当艾萨克还沉浸于发现万有引力的喜悦当中时，剑桥也传了好消息，可怕的鼠疫已经结束，学生们可以返校了。艾萨克得知这个消息后非常高兴，不久便从乌尔索普村动身，往剑桥大学赶去。

然而，当他到达剑桥后，才知道鼠疫虽然已经结束，但人口也大大减少了。整个剑桥并没有从死气沉沉之中振作起来，街道上的商店依旧大门紧闭，马车更是寥寥无几，偶尔看见几个行人，都是掩着鼻子匆匆而过，仿佛稍作停留便会感染上恐怖的鼠疫。

剑桥大学里的情景和街道上差不多，因为鼠疫刚过，返

校的学生寥寥无几，而有些学生和老师，已经在这场鼠疫中毙命。

艾萨克匆匆穿过这个公园般的校园，来到了宿舍楼下。他心中猜想着巴罗教授是否也已经来到学院，于是，放下行李之后，他便马上来到了巴罗教授的房间。

门是关闭着的，他伸手将门砰砰敲响，却没有人回应。难道巴罗教授还没有回来，艾萨克心中扑通扑通地跳，希望巴罗教授平安无事才好。他正想得出神，忽然听见耳边一个熟悉的声音响起："亲爱的艾萨克，是你回来了吗？"

艾萨克马上回头一看，果然是巴罗教授，他正朝房间走来。

见巴罗教授身体健康，面色红润，一点也没受到鼠疫的影响，艾萨克心中激动地走上前去，和巴罗教授拥抱了一下。

虽然艾萨克自小性格孤僻，但面对恩师巴罗教授，也忍不住表达最真实的情感。

两人来到巴罗教授的房间，见里面整齐干净，艾萨克不由得问："教授，您来剑桥多久啦？"

巴罗教授想了想："说不清楚，反正有很多天了，校园里人很少，不过正好可以安静地看看书。"说着，他看着艾萨克，问："你呢，在家乡过得怎么样？艾萨克。"说到这个，艾萨克由于心中的激动，脸上也红扑扑的，他将自己在这一年多时间里的学习和研究成果详细地叙述了一番，还将白光的发现也说给了巴罗教授听，最后，他还谈及了重力方面的研究，当他说到他发现地球具有万有引力的时候，巴罗教授终于忍不住激动的心情，他站起身来，紧紧握住了艾萨克的双手："艾萨克，你所说的一切真是太叫人兴奋啊！

能不能把相关的手稿给我看看？"

艾萨克点点头，立即折回自己的房间将他所说的理论手稿拿了过来给巴罗教授过目。

巴罗教授接过手稿，才翻开第一页便被深深吸引，接下来整整一个月的时间，他们俩都围绕着这一摞厚厚的手稿进行讨论、分析和研究，当看完最后一页手稿，巴罗教授如获珍宝般捧着这一摞手稿，带着无比虔诚的目光注视着天空："上帝，感谢您给这个时代带来了如此智慧的头脑！这是我执教数十年来看到过的最赋天才的学生！"

站在一旁的艾萨克被老师夸奖得有些不好意思了，他对巴罗教授说："教授，这可不是我一个人的思想成果，很多都是在您的指导下才得以完成的。"

巴罗教授摇摇头："青出于蓝而胜于蓝，你就是最好的例子。不久后，学院就会恢复正常工作，我要向学院申请，你完全可以获得硕士学位了。"

艾萨克听了惊喜地看着巴罗教授："您是说真的吗？"

巴罗教授郑重地点点头："对。"

自己的研究成果为人所肯定，艾萨克自然非常高兴，而且能在人才济济的三一学院获得硕士学位，艾萨克更觉得自己的努力没有白费。不过，这些欣喜对艾萨克来说，都是短暂的，在自然科学领域，还有更多的奥秘等着他去探索和发现，他乐此不疲，而且丝毫不敢懈怠。

因为学院的学生还没有到齐，暂时无法正式上课，艾萨克便在自己的宿舍内读书学习。

从早上一直看到下午，艾萨克不禁觉得肚子有点饿了。

去学校餐厅太麻烦，他决定自己煮个鸡蛋吃。

他先将锅放在炉子上，生着火之后，他继续埋头苦读。不久，炉子上发出咕咕的声音，表示水已经开了，艾萨克双手捧着书走到炉子边，伸手揭开锅盖将鸡蛋放了进去，然后继续看起书来。

不一会儿，门外传来敲门声，艾萨克开门一看，是巴罗教授。

巴罗教授笑眯眯地看着他："艾萨克，吃饭了吗？"

吃饭？艾萨克想了想："对了，我煮了一个鸡蛋。"说着，他将巴罗教授请进屋，自己则去关火拿鸡蛋，谁知当他揭开锅盖一看，锅里哪有什么鸡蛋，躺在水里的居然是一只怀表！艾萨克惊讶极了，鸡蛋怎么变成怀表啦！

巴罗教授见他神色不对，凑近一看："咦，艾萨克，你为什么将怀表放进锅里煮呢？难道你在做什么新实验吗？"

艾萨克一脸迷茫地看着巴罗教授："我分明是煮鸡蛋来着！"说着，他环顾四周，居然发现鸡蛋还在桌子上，根本没有被放进锅里！他明白了，原来刚才煮鸡蛋的时候，自己的眼睛盯着书本，就这么在桌子上随手一拿，拿了一块怀表放进了锅里。

巴罗教授也明白过来了："艾萨克，原来你错把怀表当成鸡蛋啦！"说着，两人哈哈大笑起来。

笑过之后，巴罗教授对他说："好了，你也别煮鸡蛋了，我来就是邀请你去吃饭的！"

面对恩师的邀请，艾萨克只好放下书本，随巴罗教授走出了宿舍。

两人来到巴罗教授的房间，艾萨克发现房间里多了一个人，巴罗教授介绍说："这是我家里的仆人詹姆，今天特地从家乡给我带来了很多好吃的。"

艾萨克明白为什么巴罗教授要请他吃饭了。

詹姆已经开始上菜了，巴罗教授招呼艾萨克在桌子前坐下："艾萨克，你出生于哪一年啊？"

"1642年，教授，"艾萨克回答。

巴罗教授有些惊讶地说："还真是巧合，伽利略正是在那一年去世的。"

艾萨克微微一笑，人的出生与死亡是不由自己的决定的。说话间，詹姆已经将桌子上摆满了菜。

巴罗教授拿起刀叉，热情地招呼艾萨克用餐，在教授面前，艾萨克也没有了拘谨，就像在家里一样。在向上帝祷告过后，他们开始用餐。

"艾萨克，你想做教授吗？"巴罗教授忽然问。

艾萨克被这个问题问住了，他还只是三一学院的研究生，从来没有想过这个问题。

"如果能做教授，对你的研究工作是非常有利的。"巴罗教授继续说着。

艾萨克摇摇头，"教授，我还太年轻了。"

巴罗教授也摇摇头，表示并不赞同他的看法。

"不过，"他接着说道："教授是需要给学生讲课的，这一点你能做到吗？"巴罗教授深知艾萨克性格内向，他唯一担心的是艾萨克在众多学生面前会讲不出话来。

艾萨克不好意思地摸摸后脑勺，"如果以后我真能做教

授，那也要硬着头皮上啊！"

巴罗教授被他这句话逗笑了，他重复着艾萨克的话："如果你真的做了教授，那就要硬着头皮上啊！"

这顿饭的气氛轻松而愉快，是经历鼠疫以来，艾萨克在剑桥大学吃过的最好吃的一顿饭了。

不久，鼠疫的影响渐渐退去，剑桥大学的学生也陆续返校，学校的工作恢复了正常。因为艾萨克杰出的研究成果，他很快被学院授予了硕士学位。

在他戴上硕士帽这天，班上的同学都说要为他庆祝一番。于是，由几个人带头在学生餐厅举办了一场规模非常小的派对，大家既为艾萨克庆祝，同时也可以放松放松，毕竟这场鼠疫带来的大灾难，已经让很多人的身心疲惫不堪。

庆祝会上，大家请艾萨克说一说他是如何取得成功的，艾萨克向来不善言辞，想让他来一场口若悬河的演讲是不太可能的。但为了报答同学们的热情，他还是言简意赅地说出了自己心中的答案："如果一定要说取得了一点微小成就的话，我没有别的技巧，唯有勤奋而已。"

这句话赢来了全场同学的掌声。

站在艾萨克身边的一位同学说："你的勤奋会换来更大的收获，听说你即将成为教授啦！"

艾萨克一愣，这是哪儿来的消息，他自己怎么从来没有听说过？

见他满脸迷茫，这位同学说道："你还不知道这个消息吗？我也是从别人那里听说的。"

艾萨克忽然想起不久前在巴罗教授房间里吃饭的时候，

他对自己说过的那一番话。不行，他得去问问巴罗教授。于是，他在人群中寻找着巴罗教授，像今天这样的日子，他应该在场才对。不料，艾萨克找了一圈，也没有看见巴罗教授。

有同学喊住了他："找什么呢，艾萨克？"

艾萨克问："请问您看见巴罗教授吗？"

那同学惊异地看着艾萨克："巴罗教授今天就要离开学院啦，难道你不知道吗？

巴罗教授要离开剑桥？！

"你快去看看吧，或许巴罗教授还没有走，"那同学冲他喊道："再说了，巴罗教授要走，好像也是为了你。"作为巴罗教授最得意的学生，居然连巴罗教授要离开剑桥这样大的事情都不知道，这位同学实在觉得有点不可思议。

艾萨克赶紧从学生餐厅跑出来，朝巴罗教授的房间跑去。远远地，只见巴罗教授的房间大门敞开，微弱的烛光下，有几个人影进进出出，好像确实是在搬东西。

艾萨克连忙跑上去一看，只见巴罗教授正在房间里整理着散落的书籍，而房间里的其他东西都已经搬得差不多啦。

巴罗教授转头看见艾萨克站在门口，也有点意外：对于自己离开的这件事，他是特地对艾萨克保密的。"艾萨克，你怎么来啦？"巴罗教授问。

艾萨克没有回答这个问题，而是问道："教授，您真的要走吗？"说着，他痛苦地皱着眉头，还无法相信这个事实。

巴罗教授冲他点点头，"我要回去了，艾萨克，以后你要更加努力地学习啊！"

"为什么要走呢？"艾萨克问。

巴罗教授笑一笑，"家里需要我回去，就像你读中学的时候，家里需要你回去，你也不得不回去一样。"

作为艾萨克最信任的人，他早已将自己小时候的事情都和巴罗教授一吐而尽。

但这个理由艾萨克不相信："教授，他们说你的离开是因为我，这到底是怎么一回事？"

巴罗教授微微一惊，他没有想到艾萨克连这个也知道了。

事到如今，他只有决定将这一切告诉艾萨克，或许这样反而可以激励他在研究学问的道路上越走越远。

于是，巴罗教授在椅子上坐下来，对艾萨克说道："学校暂时还没有聘请教授的意思，但如果我辞职，就可以空出一个教授的职位。"说着，他脸上露出微笑，"不久你便会成为教授，这样有利于继续专心研究。"

巴罗教授的离开果然是因为自己，听见自己要做教授了，艾萨克心里一点高兴的感觉都没有，巴罗教授的离开，才是最令他痛苦的事情。

巴罗教授见他难过的神情，不由道："我已经无法在自然科学领域再做出多大贡献了，但你还刚刚起步。我最后能为科学做的事情，就是空出教授这个位子给你，让你在剑桥大学三一学院这样的环境中继续研究工作。以后当你为人类科学做出更大贡献的时候，我同样会感到无比的高兴！"巴罗教授缓缓说出的这一番话，使得艾萨克不由流下了激动的泪水。

等收拾好所有的行李，巴罗教授便连夜离开了剑桥，离开了他最得意的学生艾萨克。不过，他留给这位学生在人品和学问上的宝贵财富，让他一生也享用不完。

公元1669年，年仅二十六岁的艾萨克晋升为剑桥大学三一学院的数学教授。

✸ 自然哲学的数学原理 ✸

成为数学教授后的艾萨克更加潜心于对学问的研究，他的那种认真与忘我，已经达到了废寝忘食的地步，以至于他经常忘记时间，昼夜颠倒。无论他在做什么事，只要想到了自己的研究工作，他便会忘却一切。

雪后的清晨，虽然十分寒冷，但非常容易使人清醒。于是，彻夜未眠的艾萨克走出门，想要让自己清醒，将昨晚思考的问题理顺。

厚厚的白雪覆盖了整个剑桥的街道、房顶，甚至连结冰了的湖面上，也铺上了一层厚厚的雪，如果对剑桥大学不熟悉的人，很有可能误踩在这白雪上，从而产生掉入冰窟的危险。

正当艾萨克担心此事之时，有两个学生搬来了一颗圣诞树，上面挂上一个大大的写有"危险，湖面结冰"字样的牌子。他们将圣诞树放在湖边，以此来提醒在学院里走动的人。

看到圣诞树，艾萨克终于想起来，要过圣诞节啦，自己的生日也要到了。

以前在乌尔索普村的家里，过生日这天，妈妈和外婆总会给自己做一个草莓蛋糕，然后放上大块的乳酪。现在的艾

萨克，圣诞节、生日和平常的日子没有多大区别。

艾萨克走过白雪覆盖的青草地，忽然听见有人叫他，他回头一看，原来是剑桥大学的保罗教授。他们经常在一起研究问题，关系还不错。

"艾萨克，"保罗拍拍他的肩膀，"听说，圣诞节就是你的生日，不如，我们一起到你家去庆祝一番吧！"

面对朋友的热情，艾萨克没有拒绝："好的，我叫仆人给你们做烤火鸡，你叫上大伙一块来吧。"身为教授的艾萨克已经搬离了学生宿舍，住进了另外一间比较宽敞的房子。

两人商量好之后，又各忙各的去了。

这次艾萨克没有忘记这件事情，回到家之后，他马上将这件事情和仆人说了。

圣诞节很快就到了，这天，朋友们如约而来，他们给艾萨克带来了圣诞树，还有生日蛋糕。艾萨克感到非常的高兴，他时而进厨房看看火鸡准备得怎么样啦，时而又和朋友们一起装点圣诞树，俨然一个合格的主人模样。

圣诞树装扮好之后，朋友们又将蛋糕放到桌子中央，打开来一看，是甜甜的巧克力蛋糕，应该是今天早上才烤出来的，到现在还散发出阵阵巧克力的香味。

这时，火鸡也烤好了，艾萨克在厨房里帮仆人一起将火鸡切成十几个等份，然后一一装进盘子里。

看到这些分量差不多的火鸡，艾萨克忽然想到了一个自己正研究的数学问题，"等份"这个词马上给他带来了不少的灵感。他赶紧放下手中的盘子，跑上楼去了。

艾萨克来到书房，摊开纸笔，开始用刚才瞬间得到的灵感来计算这个悬而未解的公式。但是，结果仿佛并不尽如人意，是不是什么地方搞错啦？他将已经写满字的纸揉成一团扔掉，又开始用另一种方法计算。

如此反复，直到写满了数十张纸，艾萨克才满意地吐了一口气：思索了几天的问题终于得到解决。不过，他又想着，除了这样一种方法外，还有没有更加简便的方法呢？

想到这里，艾萨克忽然浑身一震，他似乎想起了什么，从椅子上一跳而起，匆匆跑下了楼。

他记得他好像邀请了朋友们吃饭，他不明白的是自己怎么又坐在了书房之中。

等他跑到楼下一看，一个人也没有，桌上的刀叉四处乱放，而且还有一堆堆的鸡骨头，蛋糕也被切开了，只留下了一小块。看到这一切，艾萨克恍然大悟，自己确实请了朋友来吃饭，不过大家都已经吃过了，艾萨克拍拍自己的脑袋："记性怎么这么差，连已经吃过饭都忘记了"。他自言自语地说着，又回到了书房里，继续寻找关于解决先前那个问题的新方法。

不多会，仆人来敲门了。

艾萨克转头一看，只见仆人手里捧着一只盘子，里面盛放着火鸡和蛋糕，他看着艾萨克，疑惑地问："艾萨克，请问你还吃饭吗？"

艾萨克听了也是非常疑惑地看着他："吃什么饭？我不是已经吃过了吗？"

仆人被他弄糊涂了，摸着脑袋说："您的这份还完好无损地放在盘子里，用盖子盖着，一点也没动，你怎么可能吃过啦？"

仆人确实有东西拿在手里，使得艾萨克很不解："我刚才到下面看了一眼，餐桌上全是鸡骨头，不是吃过了是什么？"

仆人微微一笑："艾萨克，那是您的朋友因为等您等得不耐烦了，所以吃完先走了。"

原来，艾萨克匆匆走上二楼书房之时，忘记了跟朋友们打招呼。楼下的朋友既不知道去哪里找他，肚子又实在饿得难受，就不再等他，自己开餐吃了起来。

艾萨克拍拍头："我的记性是越来越不好了，吃没吃饭都忘得一干二净。"站在一旁的仆人见他这个模样，不禁扑哧笑出声来。

艾萨克虽然经常在生活中犯这样的小毛病，但对于任何科学研究，他却始终能做到一丝不苟。正因为如此，当他在生活中犯下类似这样的错误时，人们都能对此一笑了之，朋友们也不会因此而疏远他。相反，艾萨克的住处总是有一些好朋友光临。

　　这天，艾萨克刚给同学们讲完课，他的一位朋友哈雷便来到学院找他。

　　两人大概有半年没有见面了，艾萨克热情地邀请哈雷去家里吃饭。回到家，艾萨克吩咐仆人给自己的朋友准备晚餐，然后和他一起走进了书房。

　　一走进书房，哈雷立即被那一摞堆在书桌一角的手稿给吸引住了。

　　"嘿，艾萨克，最近又有什么发现吗?"哈雷感兴趣地问。

　　艾萨克撇撇嘴，表示没有什么特别的发现。

　　"你最近在做些什么呢?"艾萨克回问道。

　　但是哈雷并没有回答他的问题，他的目光停留在那一张张手稿上，久久不愿意离开。渐渐地，他的脸上露出了惊诧的笑容。

　　"白光的组成，折色率……"哈雷的嘴里喃喃地念着这些名词，忽然他抬起头来，惊叹道:"天啊，这里面的每一句话都足以令整个伦敦颤抖。"对待这样的夸奖，艾萨克并不以为然:"那只是我在读书时的一点心得罢了。"

　　哈雷却认为这是艾萨克的谦虚:"艾萨克，难道你一点也不想把这些东西出版成书吗?"

　　"什么东西?"艾萨克问。

　　哈雷指着那一摞手稿:"这些，万有引力，动力，加速度，这些你都不想让更多的人知道吗?"

　　"别开玩笑了，"艾萨克觉得今天的哈雷有些怪怪的，情绪有些激动过头了。他赶紧拉过哈雷离开了书房，走到楼下:"你从伦敦远道而来，一定饿了吧，来尝尝我这位仆人

精妙的手艺。"

话说着，仆人已经将晚餐摆上了桌子，哈雷确实有点饿了，便和艾萨克坐下来吃晚餐。

"哈雷，你这次到剑桥待几天？"艾萨克问。

哈雷想了想，"晚上我处理好事情，明天就回伦敦去了。"

吃完饭，哈雷便告辞了。艾萨克独自回到书房，看着自己的一摞摞手稿，他不禁想起了哈雷刚才说的话，他的嘴角掠过一丝笑意：出版，不，我从来没有想过，这些不过是我给自己解解闷而已，为什么要出版呢？

第二天一早，艾萨克又去学院给学生上课了。

下午回到家，却见哈雷站在家门口。艾萨克赶紧走上前去，奇怪地问："哈雷，你昨天不是说今天要回伦敦吗？"说着，赶紧开门让哈雷进屋。

哈雷走在他后面，一边搓手一边说："艾萨克，我本来已经上了马车了，但是半途我又下来了。"

"哦，"艾萨克好奇地问："这又是为什么呢？"

"为了你的书稿呗，"哈雷诚实地回答，"艾萨克，我敢肯定，如果你不将你的手稿出版成书，你将会遗憾终身的，"说着，他冲艾萨克笑了笑："我也会遗憾终身的。"

艾萨克被哈雷的话逗笑了，但他还是不想出版自己的手稿，他觉得没有这个必要，便非常诚实地对朋友说道："我还是觉得没有这个必要。"。

"怎么没有必要，"哈雷尖叫了起来，"太有必要了，你看开普勒的《光学》、笛卡尔的《论世界》、哥白尼的

《天体运行论》，其中的任何一本都是经过出版才能被人们阅读到啊！难道你不想自己的书也被人阅读吗？"

艾萨克不出声了，他觉得哈雷的这番话确实有点道理。

"艾萨克，难道你没有认识到关于你那些手稿的价值吗？"哈雷继续说着，"我敢肯定，巴罗教授肯定是看到了你的手稿，和我一样觉得那是不可多得的科学研究成果，所以才主动辞职让你来做教授的！"

说到巴罗教授，艾萨克确实有一点心动了。恩师的话点点浮现在他的心头。对啊，如果巴罗教授在家乡看到了自己的手稿已出版成书，还能为自然科学做一点贡献，他将会多么开心啊！最终，艾萨克点了点头："你就拿去出版吧！"

哈雷听到这话，不禁欢喜地拍起手来："这下我就能放心地回伦敦了，我马上就将你的手稿带到伦敦去，给皇家学院的人看看，然后联系出版事宜。"

艾萨克一听，赶紧阻止："你不要着急，我还要将他们整理一下，总不能将手稿上的计算公式也出版吧！"

"好，"哈雷点点头，"那我先回伦敦和皇家学院的人商量商量，过几天再来拿手稿！"说完，他才真正告辞了。

哈雷没有食言，几天后，他的身影又出现在了剑桥，而此时的艾萨克已经将自己的手稿整理完毕，把自己认为可以出版的一部分已经归类了。但是，当艾萨克看见哈雷的时候，总是觉得他有些不对劲。"你怎么了？"艾萨克关心的问。

哈雷看着艾萨克，说道："手稿都整理好了吗？"

艾萨克点点头："都整理好了，我还为这本书取了个名字。"

"哦，"哈雷似乎来了点精神："什么名字？"

"自然哲学的数学原理！"艾萨克说。

哈雷略微低下头，琢磨着这个名字，片刻他抬起头，眼神里闪现着激动的神采："真是个好名字啊！"

艾萨克淡淡一笑："那么皇家学院的人怎么说？能出版吗？"

说到这个，哈雷又将脑袋低了下去，他小声地说："皇家学院的人说经费不足，暂时无法出版。"

哈雷看上去非常失望，艾萨克也是如此。不过他马上又恢复了过来，他对哈雷说："那也没关系，我本来就没有想过要出版。算了，我们都不要去想这件事啦！"

哈雷和艾萨克默默地走在剑桥大学的校园中，寒风时不时地吹来，将两人额前的头发吹乱了。

"我有一个想法。"哈雷忽然说。

艾萨克看着他，示意他说下去。

"我来出钱将这本书出版了，你看好不好？"哈雷说。

艾萨克惊异地看着哈雷，虽然他没有出版过书，但也知道出版一本书需要很多钱。"这个？"艾萨克皱起眉头："还是不要了吧。哈雷，我感谢你，但这样做不太好！"

哈雷摇摇头："我在来剑桥的路上就想好了，现在只是征求你的同意，私人出版也是一样的，你不要有顾虑。"哈雷之所以神色凝重，就是担心除了皇家学院出版，艾萨克不愿意将手稿交付别的途径出版。

其实，皇家学院出版或者私人出版对艾萨克来说，倒并不是很重要，他只是不想给哈雷添麻烦。当了解到艾萨克

的这一番心思之后，哈雷高兴地说道："不用担心，我的朋友，把手稿给我吧，我保证让它们顺利出版。"

艾萨克被哈雷的热情彻底地打动了，他放心地将自己多年来的手稿交给了哈雷。

不出一个月，一本装帧精美的《自然哲学的数学原理》便到了艾萨克的手里，同时也到达了很多伦敦人的手里。和哈雷预想的一样，整个伦敦震动了，整个自然科学研究史更是翻开了崭新的一页！

✳ 与科学结伴 ✳

《自然哲学的数学原理》被整个科学界称为划时代的历史巨著，作为这本书的作者，艾萨克最想感谢的人除了恩师巴罗教授之外，就是好友哈雷了。如果不是他坚持不懈的劝说，最后甚至自己出资出版了这本书，艾萨克的这些杰出思想可能还静静地躺在书桌上的一角。

在艾萨克得到已出版的《自然哲学的数学原理》一书后，不几天，哈雷从伦敦来到了剑桥。两个好朋友一见面，艾萨克马上感谢起哈雷来："真是要谢谢你啊，没有你的鼎力相助，这本书绝对不可能出版！"

哈雷是个非常谦虚的人，对于这种给人做嫁衣的事情，他也不想居功。他拍拍艾萨克的肩膀："好朋友，这一切都是你自己的功劳。"说着，两人走到学院外的一家餐厅享用午餐。

吃饭间，哈雷忍不住和艾萨克谈起了另一个话题。"艾萨克，"哈雷对他说道："你为什么不娶一位夫人回家呢？这样，你也不用老是煮鸡蛋吃了啊！"

艾萨克笑了笑，他对哈雷说起了一件往事。

那还是公元1665年春天的事情了，也是在这家餐厅。当时鼠疫还没有发生，剑桥的一切都和现在一样井然有序，艾萨克的生活也非常充实。更为重要的是，艾萨克当时结识了一位美丽的姑娘，她是剑桥镇上一位伯爵的女儿。

两人相处得非常愉快，所以艾萨克萌发了和这位姑娘结婚的念头。于是，艾萨克选择了一个晴朗的夜晚，和那位姑娘在这个餐厅里约会，艾萨克打算在当晚向这位美丽的姑娘求婚。

在等待服务生端上餐点的过程中，艾萨克本有大好的机会向姑娘求婚，但是生性羞怯的艾萨克迟迟无法开口。等到服务生端上餐点，艾萨克心里对

自己说这回一定要抓住机会勇敢地说出来。

但是接下来，让艾萨克也始料不及的事情发生了，当他看到盘子里被切成细丝的生菜丝，他的脑海里不可抑制地浮现出关于二项式定理的种种内容，他想出了神，直到听到那姑娘的尖叫声，他才回过神来。

然而，姑娘那美丽温和的面容不见了，只剩下愤怒的眼神。原来艾萨克错误地将姑娘的手当成了牛排，这一叉子叉下去，姑娘不尖叫才怪呢。艾萨克顿时慌了神，他还想解释一下，但那姑娘已经拂袖而去了。

从此，艾萨克再也没有向任何姑娘求过婚。

艾萨克平静地向自己的好友哈雷讲述了这个故事，却把哈雷逗笑了："看来，艾萨克，你只有和科学结婚了。"他开玩笑地说。

吃完饭，哈雷又赶回伦敦去了，艾萨克一个人步行往家里走去。

夜幕渐渐降临，早春的剑桥，随着夜幕蒙上了一层薄薄的雾气。艾萨克渐渐走近家门，却看见一个人影站在家门口。他还以为又是哈雷，但再走近一看，却是个姑娘的身影。

那姑娘听到了脚步声，回过头来，叫了声："艾萨克，是你吗？"

艾萨克站定脚步，迷雾之中，他无法看清对方的容貌："你是谁？"

那姑娘站在原地回答道："我是史贝丽，艾萨克，你还记得我吗？"

史贝丽！听到这个名字，艾萨克的脑海里马上浮现出克

拉克药局那个快乐活泼的少女身影。他渐渐想起来，后来他来到剑桥读书以后，听说她和别人结婚了，真没想到，她会来看望自己。

"史贝丽，"艾萨克高兴地走上前去，"真的是你吗？"当上前一步后，艾萨克看清楚了，果然是史贝丽。这么多年没见，她的容貌一点也没有变。只是，笑起来的时候，她的笑容里多了几分忧愁。

艾萨克赶紧打开门，请史贝丽到家里去坐坐。

史贝丽进来后，便打开了随身带来的包裹，里面装满了给艾萨克带来的小点心和果酱，都是史贝丽亲手做的。

"快来尝尝吧，我昨天出门的时候做的，还新鲜着呢！"史贝丽对艾萨克说。

艾萨克走过去，拿起一块尝了尝，这味道有点像克拉克夫人的手艺，他问道："克拉克夫妇还好吗？"

"谢谢您的关心，"史贝丽说，"克拉克夫妇的身体都还很好！"艾萨克点点头，不过最令他奇怪的是，史贝丽怎么能找到他呢？

"史贝丽"，他问，"你是怎么找到我的呢？"

史贝丽像小时候那样呵呵一笑："鼎鼎大名的艾萨克教授，打听一下就知道了！"

艾萨克被她这么一说，倒有些不好意思了。这时，史贝丽注意到他手里拿着的书，不由问道："那是什么书？"

史贝丽的到来使得艾萨克非常激动，以至于走进家门这么久，他还没有将手中的书放下来。

艾萨克将书递给史贝丽。

史贝丽首先看到那上面的作者名字——艾萨克·牛顿，口中发出一声惊呼，"原来是你写的书，"当她再看到书的名称时，她彻底惊呆了："现在皇家中学都在议论这本书，想不到竟然是你写的！"说到这里，史贝丽不由敲敲自己的脑袋："我在格兰瑟姆看到这本书，上面的人名和你的一样，我居然没有想到就是你写的！想来你小时候就那么聪明，能写出这么好的书也是情理之中的！"

"是一个朋友帮我出版的。"艾萨克谦虚地说。

史贝丽将这本书放在手里看了好几遍，鼓足勇气说："艾萨克，能将这本书送给我吗？"

"当然可以。"艾萨克说。

史贝丽开心地笑了。

两人在桌子前坐下来，艾萨克问："你是特意来看我的吗？"

史贝丽点点头。

艾萨克不禁觉得奇怪，"那你的丈夫怎么没有一起来？"

史贝丽的脸顿时红了，她看看艾萨克，良久才说："几年前我和他就离婚了，我在格兰瑟姆待得很无聊，所以想来看看你。"

"真是遗憾。"艾萨克对她的遭遇表示了同情。

"那你在剑桥多玩几天吧。"艾萨克说着，便起身为史贝丽收拾了一间房。

史贝丽奇怪地问："你一个人住，没有仆人照料你的生活吗？"

艾萨克摇头："仆人回乡下去了，不久就会回来的。"

史贝丽忽然笑了："那从明天开始，我来给你做饭吧！"

史贝丽说到做到，第二天一早，艾萨克刚刚醒来，便闻到了一股面包的香味，史贝丽早已经起床做早点啦。

恍惚之中，艾萨克觉得自己仿佛回到了克拉克药局。

吃完早点之后，艾萨克对史贝丽说："下午你来剑桥大学三一学院找我吧，我带你看看剑桥大学。"

史贝丽高兴地答应了。

艾萨克想了想："下午两点，在三一学院的大门口等。"

说完，艾萨克便出门去学校讲课了。

给学生上完课之后，有几个学生围着他就《自然哲学的数学原理》一书中的一些问题和他讨论，艾萨克没有想到，这本书这么快就来到了剑桥大学。

高兴之余，他对学生们的问题都一一耐心解答。

这个讨论持续了很长时间，直到晚餐时间结束，艾萨克才踏上了回家的路。

回到家里，他又一头钻进了书房，开始准备下一堂课的授课内容，直到夜深人静之时，他才走出书房，准备休息。

这时候，他的心中忽然"咯噔"了一下，他猛然间意识到自己忘记了一件非常重要的事情，那就是和史贝丽的约会。

他和学生们一直讨论着各种问题，使他将和史贝丽的约会忘得一干二净。现在史贝丽还没有回来，那么她一定还在三一学院的门口等待。

　　心急如焚的艾萨克赶紧朝外跑去，到三一学院的门口一看，史贝丽果然还在那里等着，寒冷的天气已经使她蹲在地上，无法动弹了。

　　艾萨克走到史贝丽身边，无比抱歉地说："史贝丽，真是对不起，让你等了这么久！"

　　史贝丽却冲他一笑："没关系，你现在是教授，肯定是很忙的。"听着史贝丽说话的声音都在颤抖，艾萨克不由心如刀绞。他心里明白史贝丽这次来找他是为了什么，他也很希望史贝丽能够留下来。但是，艾萨克清楚地知道，他整个身心已经完全沉醉于科学，再也无法分心。

　　于是，第二天清晨，艾萨克对史贝丽说："史贝丽，剑桥太冷了，等天气暖和的时候，欢迎你再来看我。"

　　史贝丽正在为他倒牛奶，听了他说的话，不禁愣住了。

　　艾萨克将牛奶壶轻轻放好，继续说道："等天气暖和了，你和克拉克夫妇一起来剑桥做客吧，我非常欢迎你们。"

　　史贝丽看了一眼艾萨克，说："好的，不过格兰瑟姆离剑桥太远了，克拉克夫妇可能不会来。"说完，史贝丽回到房间收拾了一下，便向艾萨克告别。

临走的时候，她真诚地对艾萨克说："艾萨克，你什么时候结婚，我想来参加婚礼。"

艾萨克冲她一笑："我这辈子，已经和科学结婚了。"

史贝丽怔怔地看了他一眼，忽然明白了他的苦心，她再也没有说一句话，静静地离开了。艾萨克一生都履行了这个对史贝丽的诺言，他终身未娶，只与科学相伴一生。

✳ 科学之外 ✳

《自然哲学的数学原理》这部巨著的问世，将艾萨克推向了英国科学界的顶峰。此书是第一次科学革命的集大成之作，到现在它也一直被认为是古往今来最伟大的科学著作，它的内容丰富，包括物理学、数学、天文学和哲学，更为重要的是，它对它所包含的每一个领域都产生了重大的影响。称艾萨克·牛顿为自然科学的集大成者，绝没有半点名不副实的成分。

鉴于他对科学界的卓越贡献，公元1689年，艾萨克当选为国会中的大学代表。

不过，在科学领域取得重大成就的艾萨克，开始对炼金术和神学产生了巨大的兴趣，或许这与他从小受牧师舅舅的影响有关。尽管如此，这些"课余活动"也没有阻碍艾萨克在科学的道路上越走越远。后来，艾萨克又出版了他关于光这方面的研究书籍——《光学》。

公元1703年，艾萨克开始出任英国皇家学会主席。艾萨

克在这个职位上工作了二十四年，而英国科学也开始了由艾萨克·牛顿主导的时代。

在担任皇家学会主席的同时，艾萨克大概是因为需要金钱的缘故，还担任了皇家造币厂的厂长。这个职位不但使得他开始过上了稳定的伦敦生活，还给他提供了二千英镑的薪水，不过艾萨克本身的生活，还是非常朴素、简单。

1705年，鉴于艾萨克·牛顿在科学领域做出的卓越贡献，英国女王授予了他"爵士"的称号。他也是英国第一位获此殊荣的科学家。

然而，顶着无数荣誉的艾萨克还是没能抵挡住岁月的脚步。年老体衰的他饱受疾病的困扰和折磨。1727年3月4日，艾萨克的病痛又一次发作，这次他没能战胜疾病。3月20日，上帝将这个伟大的灵魂召回了天堂。

艾萨克·牛顿的葬礼在著名的西敏斯特教堂举行，葬礼当天，教堂内外人流如云，大家都来悼念这位伟大的科学家。

西敏斯特教堂：又译威斯敏斯特教堂，本义是西部修道院的意思，因为这座教堂所在的位置在当时伦敦的西部。后来，此地也因教堂而命名为威斯敏斯特市，现在是组成伦敦市中心的两个市级区之一。

威斯敏斯特教堂在英国享有至高无上的地位，它是英国王室的专属礼拜堂，1066年以来几乎所有英国国王的加冕典礼、王室婚礼，王室的一切重大仪式都在这里举行。在公元16世纪——公元18世纪，威斯敏斯特是与牛津、剑桥齐名的学术中心，英文版的《圣经》就是在这里翻译完成的。教堂墓地中埋葬着英国历代国王和历史上各个领域中最杰出的

伟人，因此威斯敏斯特教堂也被称为"荣誉的塔尖"。公元1987年，威斯敏斯特教堂被列入世界文化遗产。

在西敏斯特的墓地，刻有艾萨克肖像的纪念碑上刻有这样的墓志铭：

艾萨克·牛顿爵士

安葬在这里。

他以超乎常人的智力，

第一个证明了行星的运动与形状，

彗星轨道与海洋的潮汐。

他孜孜不倦地研究光线的各种不同的折射角，

颜色所产生的种种性质。

对于自然，历史和《圣经》，他是一个勤勉敏锐而忠实的诠释者。

他以自己的哲学证明了上帝的庄严，

并在他的举止中表现了福音的纯朴。

让人类欢呼

曾经存在过这样一位

伟大的人类之光。

晨曦若现，迷雾将散，当年在乌尔索普村看着流水发呆的小男孩，已经回归天堂。这个依靠勤奋与努力以及独特的天赋走上科学巅峰的基督徒，终于安睡在了上帝的怀抱。虽然他的灵魂已暂停了对科学的探索和研究，但是，他留下的光辉，将永远照耀在自然科学领域的道路上，为后继者点燃一盏永远不灭的科学之光！

1643年　1月4日（旧历1642年12月25日）出生于林肯郡乌尔索普。

1655年　牛顿12岁，开始上格兰瑟姆文法学校。

1664年　春天，牛顿21岁，开始进行光的实验。

1665年　牛顿发现著名的二项式定理。

1666年　牛顿在引力定律方面取得了重大突破。

1669年　7月，牛顿的作品《分析论》开始发行。

1670—1671　牛顿研制出他的反射望远镜。

1684年　牛顿开始撰写他的《自然哲学的数学原理》，该书通称为《原理》。

1701年　牛顿被选为代表剑桥大学的英国下议院议员。

1704年　牛顿发表《三次曲线枚举》《利用无穷级数求曲线的面积和长度》《流数法》，同时有关光的研究的著作《光学》出版。

1705年　牛顿被安妮女王封为爵士。同时，他也是第一位获此殊荣的科学家。

1711年　牛顿发表《使用级数、流数等等的分析》。

1716年　牛顿发表《流数法和无穷级数》。

1727年　3月20日，牛顿爵士逝世，享年84岁。